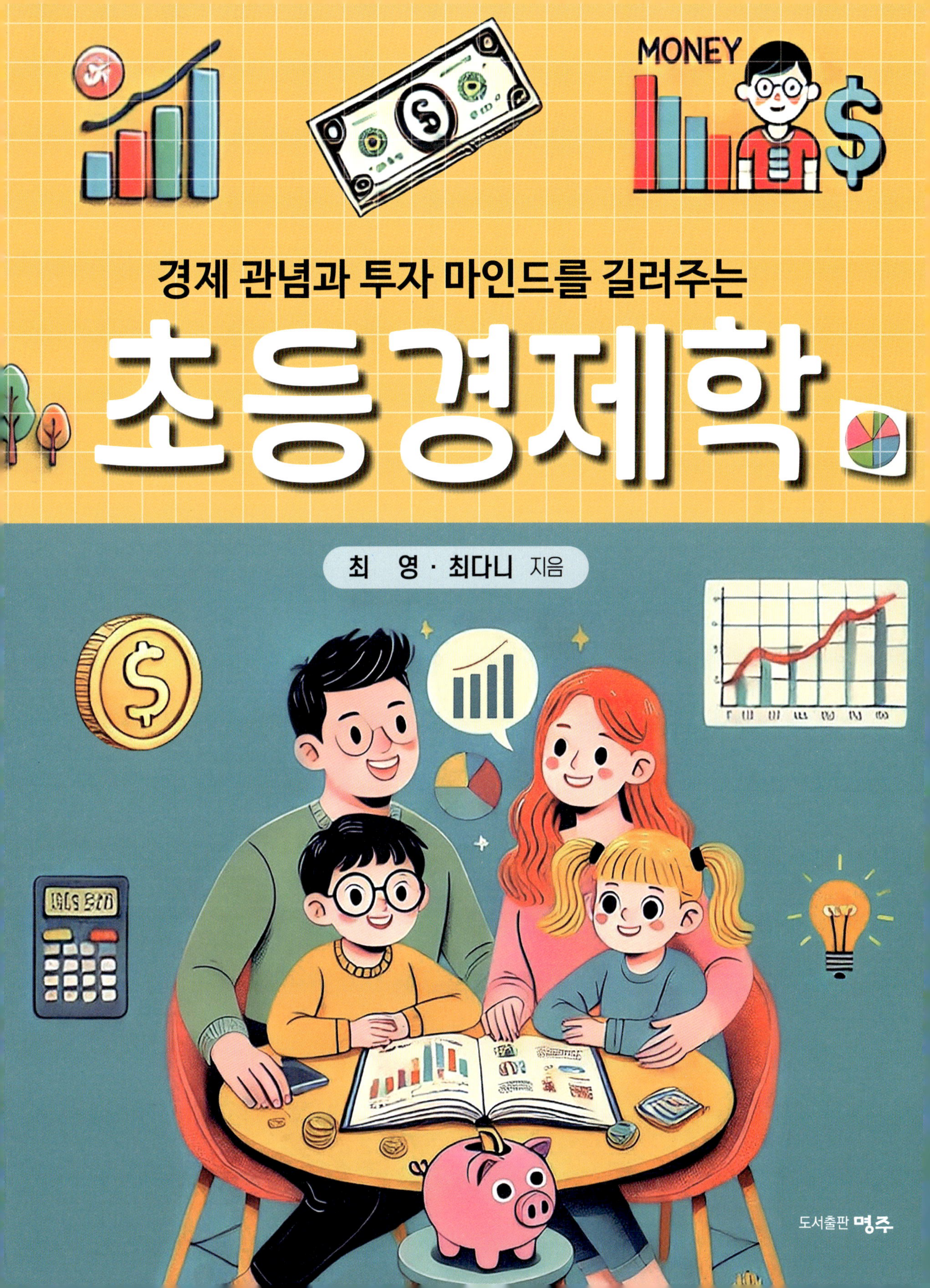

경제 관념과 투자 마인드를 길러주는

초등경제학

최 영 · 최다니 지음

도서출판 명주

초판 1쇄 인쇄 | 2024년 10월 10일
초판 1쇄 발행 | 2024년 10월 15일

글 | 최영, 최다니
펴낸이 | 김영대
펴낸곳 | 도서출판 명주
출판등록 | 2011년 7월 20일(제 301-2013-083)
주소 | 서울특별시 강동구 천중로42길 45 2층
전화 | 02-485-1988
팩스 | 02-485-1488
ISBN 978-89-6985-035-5 73320

정가 18,000원

* 10세 이상 어린이들을 위한 책입니다.
* 잘못된 책은 바꾸어 드립니다.

들어가는 글

어린이도 경제활동으로 미래를 준비할 수 있어요

안녕하세요, 여러분! 오늘은 여러분이 쉽게 이해할 수 있도록 경제에 관한 이야기를 들려드리려고 해요. 혹시 '엔비디아(NVIDIA)'라는 회사를 들어본 적 있나요? 이 회사는 컴퓨터에서 중요한 역할을 하는 그래픽 카드를 만드는 회사인데요, 요즘 이 회사가 아주 유명해졌답니다. 그 이유는 '인공지능(AI)'이라는 첨단 기술과 관련이 있어요. 엔비디아가 만든 'H100' 칩이라는 제품이 인공지능에 꼭 필요한 도구라서, 많은 사람들이 이 회사의 주식을 사게 되었고, 덕분에 큰 돈을 번 사람들이 많아졌어요. 만약 10년 전에 우리 가족이 엔비디아 주식을 샀다면, 지금쯤 그 돈이 무려 400배로 불어났을 거예요. 정말 놀랍지 않나요?

저희 가족은 2020년 중반에 처음으로 엔비디아라는 회사에 투자를 시작했어요. 그때까지 모아둔 용돈으로 주식을 한 주당 12달러에 샀는데, 지금은 그 주식 한 주가 120달러 이상이 되었으니, 10배가 넘는 수익을 낸 셈이죠. 그런데 여러분도 부모님과 함께 주식 투자와 같은 경제 활동을 할 수 있다는 걸 알고 있나요? 주식을 사

엔비디아 주가 추이 (출처 : Investing.com)

는 것은 마치 용돈을 모아서 새로운 장난감을 사는 것과 비슷해요. 미래에 가치가 높아질 것으로 예상되는 회사를 선택하고, 조금씩 모은 용돈으로 그 회사의 주식을 사서 오랫동안 투자하는 것이죠.

이 책은 여러분이 경제의 개념을 쉽게 이해하고, 멋진 미래를 준비할 수 있도록 도와줄 거예요. 이 책을 통해 여러분은 용돈을 저축하고, 투자를 통해 불려나가면서 여러분의 미래를 더 튼튼하게 만들어 나가는 방법을 배울 수 있을 거예요. 자산 관리는 직접 돈을 버는 어른들만 하는 게 아니에요. 여러분도 충분히 여러분의 자산을 관리하고 늘려나갈 수 있어요. 자, 그럼 이제 재미있는 경제의 세계로 함께 떠나볼까요.

부모님께 드리는 편지

안녕하세요. 이 책의 저자 영업의신조이최영입니다.

성인이 되기까지 저에게 돈에 대해서 그리고 투자에 대해서 가르쳐 주는 사람은 없었습니다. 지금 생각해 보면 너무도 안타까운 우리나라의 경제 교육의 현실입니다. 그렇다고 우리 부모님들까지 이 안타까운 현실을 다시 반복할 필요는 없다고 생각합니다.

우리 아이들에게 물려 줄 수 있는 가장 큰 유산은 경제 공부를 통해 스스로 미래를 준비할 수 있는 안목을 길러 주는 것입니다. 우리 아이들이 경제를 어렵게 혼자서 공부하지 않도록 부모님께서 함께 도와 주셨으면 합니다. 약 20여년 후, 우리 아이들이 부모님으로부터 경제적으로 독립하여 원하는 일을 할 수 있도록, 지금부터 작은 습관과 실천을 통해 아이들의 안정적인 미래를 준비해 주시길 바랍니다. 그렇지 않으면 우리 아이들도 20년 뒤에 경제에 대해 가르쳐 주지 않은 우리 부모 세대를 원망하게 될지도 모릅니다.

우리가 살고 있는 현대는 금융 자본주의 시대입니다. 때로는 돈이 모든 것을 지배하는 세상처럼 보일 수도 있습니다. 그렇기 때문에 부모님들께서는 자녀들에게 돈이 무엇인지 정확히 가르치고, 올바른 경제 관념과 투자 마인드를 형성할 수 있도록 지도해 주셔야 합니다. 자본을 가장 효과적으로 늘릴 수 있는 방법 중 하나가 바로 주식 투자입니다. 물론 글로벌하면서도 합법적이며 정당한 기업에 대한 투자를 통해 이루어져야 합니다.

부모님 세대에서는 주식 투자가 위험한 도박처럼 여겨졌을지도 모릅니다. 그래서 열심히 일하고 근면 성실하게 살아가는 것이 최선이라고 믿으셨지요. 하지만 지금 우리가 살아가는 시대는 이미 변했습니다. 현재도 마찬가지지만 우리 아이들이 살

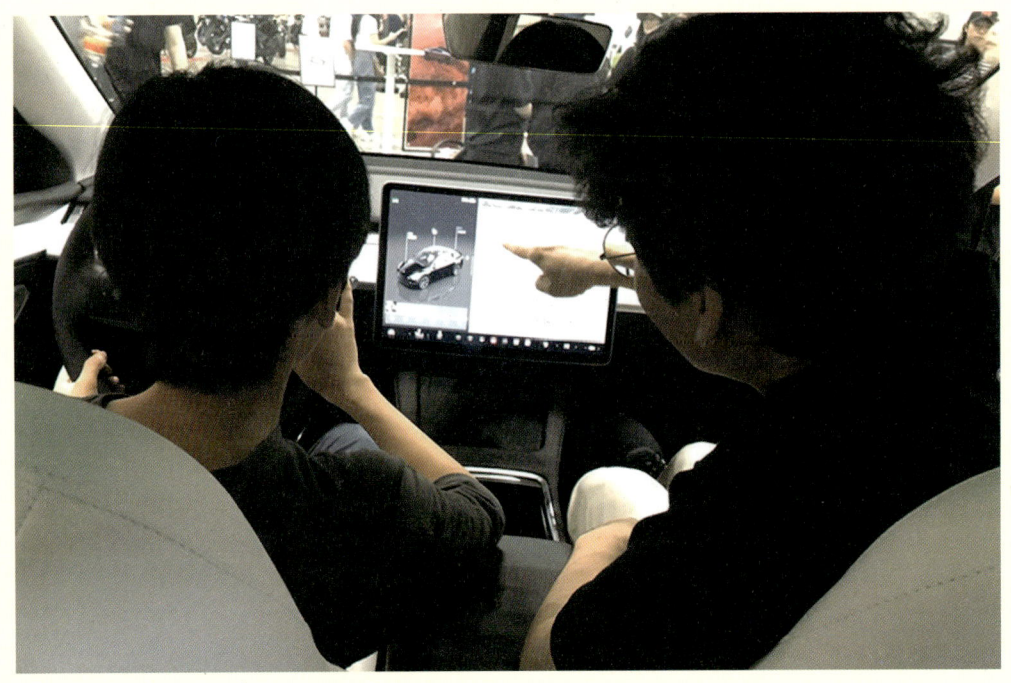

아갈 10~20년 후의 세상에서는 자본 활용도 하나의 능력으로 평가받을 겁니다.

요즘은 예전과 다르게 구글이나 유튜브 채널 검색을 통해 쉽게 기업정보를 찾을 수 있습니다. 부모님과 아이들이 함께 혁신적이며 투자할 가치가 있는 기업을 찾아보고, 아이들이 직접 용돈을 기반으로 해서 미래 가치가 있는 기업에 장기적으로 투자함으로써 아이들이 스스로 미래의 경제적 안정을 준비할 수 있도록 길을 열어주어야 합니다. 혁신적인 기술과 미래 지향적 비전을 가진 글로벌 기업에 장기적으로 투자한다면, 10~20년 후 높은 수익을 기대할 수 있습니다.

물론 주식 시장은 항상 변동하고 의외의 변수들이 등장할 수도 있습니다. 하지만 미래 산업을 이끌어가는 핵심 기업들은 지속적으로 성장을 이어갈 가능성이 큽니다. 이러한 기업에 투자함으로써 아이들은 단순히 용돈을 모으는 것이 아니라, 경제와 기술의 발전을 체감하고 미래를 준비하는 법을 익힐 수 있을 것입니다.

매달 일정 금액을 저축하고 투자하는 습관을 통해 복리의 저축 효과를 직접 경험하게 해 주세요. 시간이 지남에 따라 이 습관은 큰 경제적 이익을 가져다 줄 뿐만 아니라, 아이들에게 재정을 바라보는 안목과 현명한 소비 습관을 길러줄 것입니다.

또한 이러한 경험을 통해 아이들은 장기적인 투자 시각과 관점을 자연스럽게 익히게 됩니다. 오늘과 내일에 국한된 근시안적 고민을 넘어서 20년 후의 미래를 바라보며 목표를 설정하고 이를 수정해 나가는 능력을 기를 수 있습니다. 부모님이 아이들의 대학 자금을 모두 마련해 주실 수도 있지만, 아이들이 스스로 용돈을 모아

학자금을 마련할 수 있다면 얼마나 좋겠습니까.

　우리가 지금 실천하는 작은 노력들이 우리 아이들의 밝은 미래를 만드는 밑거름이 될 수 있습니다. 작은 용돈이 모여 얼마만큼 커다란 힘을 발휘하는지 깨달을 수 있도록 도와 주셨으면 합니다. 이 책이 부모님들의 노력에 도움에 조금이나마 자극과 도움이 되었으면 합니다.

　감사합니다.

차례

들어가는 글 | 초등학생도 경제활동으로 미래를 준비할 수 있어요 ················ 3
부모님께 드리는 편지 ·· 5

제1장 돈이란 무엇인가?

돈의 탄생 이야기: 돈은 어디에서 왔을까? ··· 14
돈의 쓸모 ·· 31
돈은 누가 어떻게 만드는가? ·· 35

제2장 용돈의 경제학

용돈, 그 비밀을 풀어보자! ··· 42
돈이 쑥쑥 자라는 용돈 기입장 활용법 ·· 48
너도 현명한 소비자가 될 수 있어! ··· 57

제3장 돈을 모으는 저축

저축: 돈이 자라는 복리 마법 …………………………………………… 76
나에게 맞는 저축 통장 …………………………………………………… 83
저축으로 꿈을 이루어보자 ……………………………………………… 89

제4장 경제를 구성하는 요소

가격의 비밀: 수요와 공급의 줄다리기………………………………… 96
경제의 주인공은 바로 너! ……………………………………………… 112
경제 속 숨겨진 마술 찾기 ……………………………………………… 118

제5장 마이쮸 경제학(경기순환 4단계)

경기의 순환을 이해하자 ………………………………………………… 140
경기 침체를 막기 위한 노력 …………………………………………… 151

제6장 투자의 종류와 방법

투자란 무엇인가? ………………………………………………………… 160
투자의 종류 ………………………………………………………………… 165
나의 꿈에 투자하기 : 성장의 비밀 …………………………………… 168

제7장 실전 미국 주식 투자법

왜 미국 주식에 투자하는가? ····· 174
내 손안의 주식 세상, 앱 설치부터 ····· 177
주식 앱 완전 정복 ····· 181
가족과 함께하는 주식 토론 ····· 190

제8장 환율과 국제경제

환율과 환차손 ····· 196
기축통화 ····· 201
환율이 오르거나 내리면 어떤 일이 벌어질까? ····· 203

제9장 미래산업에 투자하라

우리가 미래 산업에 투자해야 하는 이유 ····· 208
세상을 바꾼 기술의 탄생 ····· 212
변화하는 세상, 우리는 어디를 향해 가는걸까? ····· 231
미래를 이끌어갈 유망 기업 이야기 ····· 255

맺는 글 | 우리의 꿈을 현실로 : 초등경제 마지막 이야기 ····· 299

1
돈이란 무엇인가

돈의 탄생 이야기: 돈은 어디에서 왔을까?

- 희망아! 인간과 동물은 어떤 차이점이 있을까?
- 몸의 형태가 다르게 생겼죠. 또 의사소통 수단도 다르고요. 사람들은 말을 하고 문자를 기록할 수 있다는 점이 동물과 다른 점인 것 같아요.
- 하나 더 꼽는다면?
- 돈? 동물은 돈을 사용하지 않아요.
- 그렇지. 인간은 문명을 만들고 여러 사람들이 모여서 살다 보니까 다양한 경제적 활동을 병행해 나가야 했는데, 그때 돈(화폐)이 사용됐단다. 그래서 동물과 다르게 인간은 언어와 화폐를 사용하면서 문명활동을 지금까지 해오고 있지.

물물교환

- 아빠, 그럼 돈은 어떻게 해서 생겨났어요?
- 인간이 처음부터 돈을 만들어서 사용하지는 않았단다.
- 그러면 돈이 없을 때는 어떻게 했어요?
- 물물교환을 했지.
- 물물교환이 뭐예요?
- 물물교환은 사람들이 물건을 서로 바꾸는 거래 방법을 말해. 예를 들어, 물고기와 보리를 교환하는 거지. 하지만 이와 같은 방식은 거래가 어려울 때도 있고 불편했단다.
- 왜 물고기와 보리를 교환했어요?
- 옛날에는 돈이 없었으니까, 서로 필요한 것을 선택해서 직접 물건으로 교환했지. 어떤 사람은 물고기를 잡는 것이 능숙해서 물고기는 많은데 보리가 필요했고, 또 어떤 사람은 보리 농사를 지어서 보리는 많았지만 물고기

를 먹고 싶어도 물고기를 잡지 않았으니 먹을 수 없었지.

그러면 두 사람이 만나서 서로 가진 것을 교환했다는 건가요?

그래, 맞아. 물고기를 가진 사람은 보리가 있는 사람에게 물고기를 주고, 보리를 받았지. 그렇게 해서 두 사람 모두 필요한 것을 얻을 수 있었어.

원하는 물건을 가진 사람을 찾기 어려워서 거래가 쉽지 않았을 것 같아요.

응, 그게 문제였어. 물고기를 가진 사람이 보리가 필요해도, 보리를 가진 사람이 물고기가 필요 없으면 교환이 어려웠지.

그런데 막상 교환에 필요한 물건을 찾는다 해도 그 물건의 가치가 너무 차이가 나면 거래가 어려울 것 같아요.

맞아. 그게 물물교환에서 가장 큰 문제였지. 예를 들어, 산에 사는 사람들은 추워서 양털 옷이 필요하고, 초원에 사는 사람들은 맛있는 사과를 먹고 싶다고 해보자. 하지만 양 한 마리와 사과 한 박스의 가치는 너무 차이가

교환하려는 상품의 가치가 상이한 경우 교환하기가 어려워요.

나서 교환하기가 어려웠겠지.

양 한 마리 가치를 지불하려면 사과를 몇 박스는 줘야 할 것 같아요. 그러면 이런 불편한 상황을 어떻게 극복했나요?

옛날에는 셈법이 발달하지 않아서 물건의 가치를 완벽하게 측정하기가 어려웠고, 그래서 서로 손해보는 상황을 막을 수는 없었어. 그래서 조금이나마 불공정한 거래로 인해 서로 손해보는 상황을 줄이기 위해서, 그 마을 사람들이 소비하고 남은 잉여(남는 나머지)의 양을 교환하는 방식으로 발전해 갔단다. 그러면 물물교환 시 혹시 불공평한 거래가 이루어진다 하더라도, 서로 감정이 상하는 상황을 피할 수 있었지. 빵을 만드는 마을에서는 마을 사람들이 소비할 양보다 조금 더 빵을 굽고, 우유를 생산하는 마을에서도 그 마을 사람들이 필요로 하는 양보다 조금 더 우유를 짜서, 서로 남는 잉여 수량으로 교환함으로써 거래를 조금 더 원활하게 할 수 있었단다.

물품화폐

- 아무리 마을에서 쓰고 남는 빵과 우유를 교환해도 손해 보는 마을이 있을 것 같아요.

- 그렇지. 그래서 누가 보아도 모두에게 공정하고 공통된 기준이 필요한 거야. 그런 공통 기준을 바로 가치 척도라고 하고, 그 가치 척도의 필요성 때문에 상품화폐가 등장하게 됐단다.

- 상품화폐요?

- 응. 상품화폐라고 하면 조금 어렵게 들리겠구나. 그럼 물품화폐라고 할까? 특정 물품을 화폐처럼 모두가 동의한 기준으로 정해 놓고 바꾸는 거지.

그럼 최초의 물품화폐는 뭐였어요?

 물품화폐는 대표적으로 두 가지가 사용되었어. 하나는 소와 양과 같은 가축이었지. 하지만 가축은 생명체이기 때문에 생산량을 조절하는 데 한계가 있고 지속적인 가치 제공이 매우 어려웠지. 그렇다 보니 자연스럽게 곡물이 물품화폐로 각광을 받게 되었어. 고대 메소포타미아와 이집트 문명에서는 곡물을 물품화폐로 사용하여 공정한 거래를 이루려고 노력했단다.

 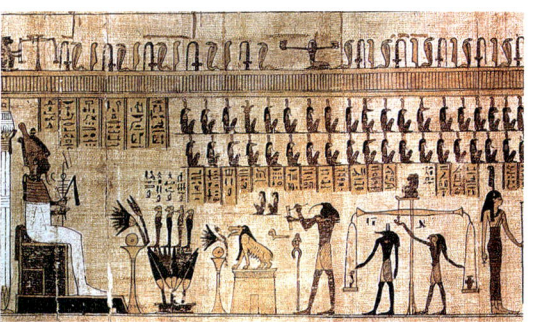

고대 메소포타미아의 기록   고대 이집트의 기록

곡물은 생산량 조절이 가능했고, 저장도 용이했기 때문에 물품화폐로 오랫동안 사용되었단다. 곡물을 물품화폐로 사용함으로써 먼 거리까지 물품 교환이 가능해져서 유통 산업까지 발전하게 되었지.

하지만 곡물 같은 물품 화폐에도 한계가 있었어.

왜요? 무슨 문제가 있었나요?

보리 같은 곡물은 날씨가 습하거나 비가 많이 오면 부패하거나 곰팡이가 생겨서 장기간 안전하게 보관하기가 어려웠어. 그 뿐만 아니라 쥐들이 들

곡물 화폐는 보관과 이동에 불편함이 있었어요.

끓기라도 하면 곡식 저장 창고가 공격을 받아 모든 보리가 한순간에 사라져 버리는 사고도 발생하곤 했단다. 그리고 부피도 크고 무거워서 장거리 이동을 하거나 대규모 거래 시 매우 불편함이 있었지.

그러면 조금 더 날씨에 강하고 가볍지만 부피도 작은 대체 물품화폐가 필요했겠군요?

맞아. 그게 바로 소금이었단다.

소금이요?

응, 소금은 보존성이 매우 뛰어나지. 잘 상하는 음식을 소금에 절이면 매우 오래 먹을 수 있듯이, 소금 자체는 부패하지 않아서 매우 뛰어난 보존성을 가지고 있단다. 그렇기 때문에 아주 오랫동안 보관할 수 있어서 물품화폐로 적합하게 쓰였던 거야. 그 뿐만 아니라 음식에 넣으면 맛있는 요리를 할 수도 있어서 여러 가지 쓸모가 많았기 때문에 경제적 가치가 매우 높았단다.

그럼 소금이 매우 비싸게 거래되었겠네요?

희말라야에서 채취된 소금

맞아. 소금은 자연적으로 얻기 매우 어려운 자원이기 때문에 그 희소적 가치(많이 없어서 부족한 상태)가 높았고, 활용도가 매우 많고 용이하였기 때문에 수요자(쓰려고 하는 사람)도 많아 그 가치는 매우 높게 평가받고 물품화폐로 자리 잡을 수 있었던 거야. 로마시대에는 소금을 화폐로 사용하여 노동력에 대한 댓가나 군인의 급료로 지급하기도 했단다. 오늘날 급여를 뜻하는 영어 단어 Salary는 소금(sal)을 지급한다는 뜻의 라틴어 'Salarium'이라는 단어에서 나온 건데, 고대 로마제국에서 군인들의 월급을 소금으로 지급한 데서 유래된

로마시대에는 소금을 화폐로 사용하여 노동력에 대한 댓가나 군인의 급료로 지급했다고 합니다.

돈의 탄생 이야기: 돈은 어디에서 왔을까? 21

거야.

- 그럼 동양에서도 서양과 같은 물품화폐를 사용하였나요?

- 아주 좋은 질문이야. 동양은 조금 다른 물품들을 사용했어. 어떤 것들을 사용했는지 한번 같이 생각해 볼까? 소금을 제외하고 가치 있고, 보관도 쉽고, 부피도 차지하지 않는데, 인류 생활에 필요한 유용한 것이 뭐가 있었을까?

- 의식주는 인간이 사는 데 꼭 필요한 것들이니까, 그럼 옷에 관련된 것 아닐까요?

- 훌륭해. 동양에서는 옷을 만드는 데 필요한 비단이 물품화폐로 많이 쓰이곤 했단다. 비단은 중국에서 주로 생산되었는데 그 생산 과정이 매우 복잡하고 고급스러운 물품이기 때문에 희소성(귀하고 적어서 더 소중한 것)이 매우 높은 자원 중 하나였단다. 실생활에서도 그 가치가 매우 높았기 때문에 물품화폐로 오랫동안 사용되었지.

동양에서는 비단이 물품화폐로 사용되었어요.

비단은 어디에 사용되었는데요?

 비단은 옷을 만들 뿐만 아니라 장신구, 예술품 등 다양한 용도로 사용되었지, 그렇기 때문에 사람들로부터 실용적 물품이면서 경제적 가치를 함께 지니고 있는 의미 있는 물품으로 취급받았단다.

또 비단 외에 가죽이 물품 화폐로 많이 사용되었어. 가죽은 견고성과 내구성이 매우 강해서 몸을 보호하는 방어구나 전쟁에 필요한 무기를 제작하는 용도로도 사용되었단다. 그 이외에도 가죽이 들어가는 실용적 물품을 제작하는 데 필수적으로 사용되었기 때문에 그 수요가 매우 많았고, 보관이나 거래(교환)도 매우 편리했기 때문에 물품화폐로 적합했지.

가죽도 물품화폐로 많이 사용되었어요.

 아빠 책에서 읽은 적 있는데 조개도 물품화폐로 사용하지 않았나요?

 맞아. 조개도 특수 지역(해안가)에서만 수집할 수 있었기 때문에 희소성

(귀하고 적어서 더 소중한 것)이 있는 물품이였고 조개의 크기나 종류에 따라 각기 다른 가치를 평가할 수 있어서, 거래를 할 때 비교적 표준화가 가능한 물품이었단다. 그렇기 때문에 물품화폐로서의 기능을 수행 할 수 있었지.

조개화폐(출처 : 국립중앙박물관)

- 그런데 조개는 왜 없어졌어요?

- 조개도 충분히 오랫동안 물품화폐로 그 역할을 해왔어. 그런데 조개의 부피가 매우 컸기 때문에 이집트의 피라미드 공사 같은 큰 거래를 진행하려면 매우 불편함을 느끼게 되었단다. 또한 시간이 지남에 따라 깨지거나 손상되는 상황도 발생하고 장기 보관이 어려워서 많이 불편했단다.

- 아빠, 갑자기 든 생각인데 물품화폐로 쓰였던 소금도 불편한 점이 하나 있는 것 같아요.

- 그래? 뭐가 있을까?

- 소금은 물에 쉽게 녹기 때문에 비가 많이 오면 녹아 없어지는 위험도 있는 것 같아요.

- 소금의 단점을 아주 잘 생각해냈는 걸. 그래서 사람들은 또 다른 종류의 화폐를 생각해냈지.

금속화폐

- 이번에는 어떤 화폐를 생각해내었나요?

- 물품화폐 대신 보관이나 운반이 쉬운 금속화폐를 만들어서 쓰기 시작했단다. 우리가 지금 말하는 동전 같은 것 말이야.

- 금속화폐는 어떻게 만들어 졌나요?

- 최초의 금속화폐는 일렉트럼 코인(Electrum Coin)이라고 하는데, 기원전 6세기경 리디아(오늘날 튀르키예 서부지역)에 위치했던 고대 왕국에서 사용된 것으로 알려졌어. 당시 이 고대 왕국은 경제적, 상업적으로 매우 발달한 무역의 중심지였어. 다양한 무역로가 생기고 경제 활동이 활발히 이루어지다 보니 부피는 작지만 견고하면서 모든 사람들이 가치를 인정할 수 있는 표준 화폐가 필요했고, 그래서 이 왕국에서는 일렉트럼 코인이라는 화폐를 만들어서 사용했지. 일렉트럼 코인은 이 당시에 경제적 거래의 표준으로 자리잡았고 확대되어 나갔단다.

초창기의 금속화폐인 일렉트럼 코인(출처 : 위키피디아)

일렉트럼 코인은 어떤 장점이 있었어요?

일렉트럼은 자연적으로 생성된 금과 은의 합금을 뜻하는데, 이 일렉트럼으로 만들어진 일렉트럼 코인은 내구성이 매우 뛰어났단다. 그렇기 때문에 물품화폐들의 단점 중 하나인 장기보관이 힘들다는 단점을 완벽하게 극복했지.

그럼 썩지도 않고, 녹지도 않고, 상하지도 않고, 쥐가 먹지도 못하겠네요. 오래 보관이 가능하고 휴대도 가능하니 장거리 이동도 가능하고 무척 편리했겠어요.

맞아. 그래서 물품화폐에서 금속화폐로 진화하게 되었단다.

아빠, 우리나라 동전을 보면 백 원짜리 동전에는 이순신 장군도 있고, 오백 원 동전에는 학 모양이 새겨져 있잖아요? 그런데 이런 복잡한 그림이나 인물들을 동전에 넣는 이유가 있나요?

우리나라 동전

기원전 450년 전 주조 화폐(출처 : 위키피디아)

로마 공화정에서 만들어진 청동으로 된 'Aes signatum'으로, 주조 방식으로 제작되었어요.

기원전 3세기 페르시아의 주조화폐 다릭
(출처 : 위키피디아)

튜닉을 입고 활을 든 페르시아 왕의 모습을 넣어 화폐 제조를 어렵게 함으로써 화폐 신뢰도를 상승시켰답니다.

기원전 27년~서기 478년 사이의 로마 주조화폐(출처 : 위키피디아)

율리우스 카이사르 이후 로마 황제의 형상이 화폐에 삽입되었으며, 전쟁을 통한 국가 통일 수단으로 이용된 기능성 화폐로 대형공사 시 노동력 대가로도 지급되었어요.

돈의 탄생 이야기: 돈은 어디에서 왔을까? 27

금속 화폐에 왕의 얼굴을 넣거나 유명한 장군들의 얼굴을 넣는 이유는 여러 가지가 있단다. 금속 화폐에 왕의 얼굴을 새겨 넣으면 쉽게 모방해서 만들기 어렵겠지. 또 누구나 쉽게 진짜 돈과 가짜 돈을 알아볼 수 있지. 화폐 위조를 방지하기 위해서 이런 복잡한 형상들을 새겨 넣었던 거야. 그리고 국가간에 거래를 할 때 왕의 얼굴처럼 그 나라를 상징할 수 있는 표시가 있으면 신뢰도가 훨씬 높아지겠지. 쉽게 말해 믿을 수 있는 돈이 되는 거야.

종이화폐

 아빠, 이렇게 좋은 금속화폐가 있는데 왜 지폐가 필요한 거죠?

 아주 좋은 질문이야. 지폐는 종이로 된 화폐인데 지금의 종이화폐와 금속화폐를 비교해 보면 쉽게 이해가 될거야.

 비교요?

 무게를 기준으로 비교해 볼까?

물건을 사기위해 10만 원을 가지고 시장에 간다고 상상해 보자. 5만 원권 지폐는 2장이면 10만 원이 되지만, 500원짜리 동전은 200개를 들고 다녀야 하지. 만약 500원짜리 동전이 없으면, 100원짜리 동전을 1,000개 들고 가야 하는데 무겁고 불편하지 않겠어?

 VS

- 동전이 지폐에 비해 많이 무겁죠.

- 그래. 비싼 가전제품을 사러 갔을 때 지폐를 사용하면 동전보다 쉽고 편하게 계산할 수 있겠지.

- 그렇겠네요. 부피나 무게도 문제지만, 계산할 때 동전을 일일이 하나하나 세야 하니 너무 불편할 것 같아요.

- 지폐가 가벼워서 좋기는 한데, 불에는 너무 약하지 않나요? 불에 타거나 물에 젖으면 훼손되기 쉬워요.

- 그렇긴 하네, 화재가 났을 경우 종이 돈은 모두 불타 없어질 수 있겠구나. 날카로운 지적이야. 지폐는 불이 나지 않는 곳에 잘 보관해야 해. 그래서 사람들은 어떻게 하면 자신의 돈을 조금 더 안전한 곳에 보관할 수 있을까 하고 고민하게 되었어.

은행이 필요한 이유

 집에 돈을 보관하면 불에 타서 없어지거나 도둑이 훔쳐갈 수도 있겠지? 그래서 지금의 은행 같은 역할을 하는 곳도 등장하고, 다른 사람들의 돈을 안전하게 보관해 주는 직업을 가진 사람들이 생겨나기 시작했어.

13세기에 등장했던 초기의 지폐는 은행의 보관증과 같은 형태였어. 당시에는 금속화폐(금, 은 등)가 주거래수단으로 사용되었지만, 거래 금액이 커지면서 운반량이 많아져서 보관이나 운송이 어려워지자 이를 해결하기 위해 은행에 화폐를 맡기고 그 맡긴 자산에 대한 보관증을 발행하여 증명하기 시작했지. 이것이 바로 지폐의 시초야. 바로 이 시기에 은행 시스템의 기초가 탄생했다고 볼 수 있단다.

세계 최초의 지폐인 교자 (출처 : 위키피디아)
1,000년 전에 중국에서 사용된 지폐입니다. 여행가 마르코 폴로의 책《동방견문록》에는 9세기 당나라~북송시대 때 이미 어음을 사용하였다고 밝혔어요.

돈의 쓸모

돈이 필요한 이유

- 돈은 교환을 편리하게 하기 위해 생겼다고 했는데, 돈이 필요한 이유가 또 있을까?

- 잘 모르겠는데요. 다른 이유가 또 있어요?

- 돈이 우리가 살아가는 데 꼭 필요한 여러 가지 이유들이 있단다. 일단 세 가지로 나눠서 설명해 줄게.

  첫 번째 이유는 생존과 기본적인 생계 유지를 위해서야. 우리가 매일 먹는 음식이나 입는 옷, 그리고 거주할 수 있는 집 같은 것들을 사기 위해서는 돈이 필요해. 돈이 있어야 이런 기본적인 필요를 채울 수 있는 거지.

- 의식주에 필요한 것들을 사기 위해 돈이 필요하다는 거죠?

- 맞아! 두 번째 이유는 건강과 의료 서비스 측면에서 필요하기 때문이야.

몸이 아프면 병원에 가거나 약국에 가서 약을 지어야 해. 이런 의료 서비스도 돈이 있어야 이용할 수 있어.

 그러네요. 아프면 병원에 가야하죠.

 마지막으로 세 번째 이유는 자기 계발과 교육을 위해서야. 우리가 배우고 성장하기 위해서는 학교나 학원에 가고, 공부를 위해서 책을 사야 하는데, 이 모든 것에는 돈이 들어. 좋은 교육을 받으면 나중에 더 좋은 직업을 가질 수 있고, 그만큼 더 많은 기회를 얻게 돼.

 그러니까 돈이 있으면 더 많이 배우고, 더 좋은 미래를 준비할 수 있다는 거죠?

그렇지. 돈은 단순히 물건을 살 때만 필요한 게 아니라, 건강을 지키고, 배움을 통해 자신을 발전시키는 데에도 꼭 필요한 자원인 것이지.

이제 돈이 왜 중요한지 잘 알겠어요!

돈이 필요한 부수적 이유

아빠, 돈이 있으면 좋은 점이 또 뭐가 있을까요? 아까 말씀해주신 세 가지 이유 말고도 또 다른 이유도 있을 것 같아요.

돈이 필요한 부수적인 이유들은 많지. 더 찾아볼까?

첫 번째는 사회적 지위와 인식을 갖기 위해서야. 돈이 있으면 사회에서 더 높은 지위나 인식을 얻을 수 있어. 지위는 사회 공동체에서 다른 구성원들보다 중요한 역할이나 위치에 있음을 의미해. 보통 사람들은 돈이 많을수록 성공했다고 생각하거든. 이것은 개인의 자존감이나 사회적 관계에도 적지 않은 영향을 끼칠 수 있단다.

아, 그래서 사람들이 돈을 많이 벌려고 하는 거군요. 다른 사람들한테 인정받고 싶어서 그런 거예요?

 맞아, 그런 경우가 많지.

두 번째는 안정적 미래를 계획하기 위해서야. 돈이 있으면 미래의 불확실한 상황에 대비할 수 있고, 장기적인 계획을 세우는 데 도움이 된단다. 노후를 준비하거나 갑작스러운 사고나 사건에 대처하기 위해서도 돈은 필요하지.

돈이 있으면 미래가 더 안정적이고, 걱정도 덜하겠네요.

그렇지!

마지막으로, 돈은 여가 선용(알맞게 쓰거나 좋은 일에 씀)과 새로운 경험의 기회도 만들어 준단다. 돈이 있으면 여행을 가거나, 취미 생활을 즐기거나, 다양한 문화 활동에 참여할 수 있단다. 이런 경험들은 삶을 더 풍요롭게 해주지.

 뮤지컬 공연이나 가수들의 콘서트, 야구 경기도 볼 수 있으니까요.

맞아, 돈이 있으면 삶을 더 풍요롭게 즐길 수 있겠지.

돈은 누가 어떻게 만드는가?

돈이 만들어지는 과정

- 아빠, 그런데 돈은 어떻게 만들어지는 거죠?

- 우리나라에서는 한국은행이라는 곳에서 돈을 만들지. 한국은행은 대한민국의 중앙은행이란다.

- 중앙은행이요?

- 중앙은행은 많은 은행 중에서도 최상위 은행이야. 대한민국 정부를 대신해서 돈을 만들어내고 물가를 적절하게 유지하여 경제를 안정시키고 발전시키는 중요한 일을 하지.

- 그럼 한국은행에서만 돈을 만들 수 있나요?

- 맞아. 우리나라에서는 한국은행만이 돈을 만들 수 있는 권한을 대한민국 정부로부터 받았단다. 그렇기 때문에 한국은행 이외의 다른 시중은행(국

서울 중구 남대문로에 있는 한국은행

민은행, 신한은행, 하나은행, 우리은행 등)에서는 돈을 만들 수 없어.

- 그럼 한국은행에 돈을 찍어내는 기계가 있나요?
- 실제로 지폐를 인쇄하거나 동전을 만드는 일은 한국조폐공사라는 곳에서 하고 있단다.
- 한국조폐공사요?
- 한국조폐공사는 정부에서 만든 기업으로 돈을 인쇄하거나 동전을 주조하는 일을 하지.
- 조금 전에는 한국은행에서 돈을 만든다고 하지 않았어요?
- 맞아. 좋은 질문이야. 한국은행과 조폐공사를 구분해서 이해하는 것이 좋겠구나.

쉽게 말해, 한국은행은 새로 만들어 낼 돈의 양을 결정하는 곳이야. "이번 달에는 돈을 얼마나 더 만들어 내야 물가를 안정시키고 경기를 발전시킬 수 있을까?" 고민하고 최종적으로 찍어낼 돈의 양을 결정하지. 그 결정된 돈의 양을 한국조폐공사에 알려주면 한국조폐공사에서 그만큼의 양의 돈을 인쇄해서 찍어낸단다.

 그럼 한국조폐공사는 돈을 만드는 공장이군요.

 맞아! 그렇게 이해하면 쉽겠구나.

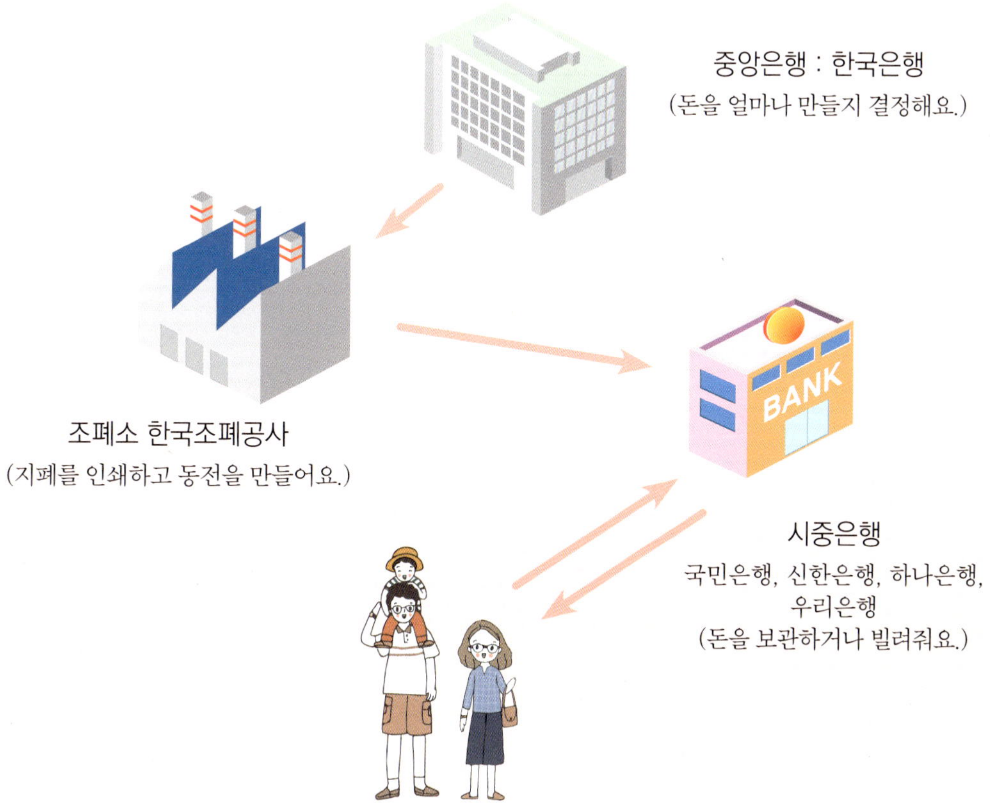

중앙은행 : 한국은행
(돈을 얼마나 만들지 결정해요.)

조폐소 한국조폐공사
(지폐를 인쇄하고 동전을 만들어요.)

시중은행
국민은행, 신한은행, 하나은행, 우리은행
(돈을 보관하거나 빌려줘요.)

돈은 누가 어떻게 만드는가? 37

한국조폐공사 화폐를 직접 만드는 우리나라 유일의 제조공기업이에요.

한국은행에서 새로 찍어낼 돈의 양을 결정하고 그렇게 결정된 돈의 양만큼만 한국조폐공사에서 인쇄를 하지. 그렇게 인쇄된 돈이 우리가 알고 있는 우리은행, 국민은행까지 보내져서, 돈이 시장에 퍼져 나가고 돌고 도는 것이란다.

아, 그래서 우리가 우리은행에서 쉽게 돈을 예금하거나 ATM기에서 돈을 찾을 수 있는 거군요! 이제 돈이 어떻게 만들어지고, 우리 손에 들어오는지 알겠어요.

더 생각해보기

1. 옛날 사람들이 물물 교환을 할 때 어떤 불편한 점이 있었을지 생각해보고 적어보세요.

2. 옛날 사람들이 사용하던 물품화폐의 불편한 점을 이야기해 보세요.

3. 만약 지금 돈이 한순간에 사라진다면 어떠한 불편한 상황이 발생할까요?

4. 돈이 많이 생긴다면 어떤 일을 하고 싶은가요?

5. 평소 돈을 사용했을 때 가장 뿌듯하고 기분 좋았던 경험을 말해 보세요.

2

용돈의 경제학

용돈, 그 비밀을 풀어보자!

용돈의 기본 개념

우리 부모님들께서 마음 속으로 고민하는 소리가 들리는 듯합니다.
"돈의 개념을 가르치고 싶어요."
"경제 관념을 키워주고 싶어요."
"절약하는 습관을 기르려면 어떻게 해야 하나요?"
"책임감과 자립심을 키우고 싶어요."

요즘 우리 엄마 아빠들 마음속을 들여다 보면, 이런 저런 고민들을 들어볼 수 있답니다. 부모님은 우리에게 용돈의 의미를 알려주고 용돈이 단순한 소비의 수단이 아니라, 미래에 대한 투자임을 이해시키기 위해 많은 고민들을 하고 있지요.

대개 용돈은 부모님이 우리 친구들에게 정해진 날짜(매주 또는 매월)마다 주는 돈이에요. 이 돈으로 우리 친구들은 맛있는 것을 사먹거나 필요한 물건을 사는 데 사용하지요.

하지만 오늘은 일반적인 용돈의 개념에서 조금 더 나아가 보려고 해요. 우리 친구들도 부모님으로부터 받은 용돈을 활용해 경제활동을 해 나갈 수 있다는 것을 보여줄 거에요. 그러기 위해서는 먼저 용돈으로 우리 친구들이 할 수 있는 일에는 어떠한 것들이 있는지 우선 알아 보기로 해요.

단순히 용돈으로 물건을 사는 것에서 더 나아가 아끼고 모으면 용돈이 더 늘어날

수 있다는 것을 이해하고, 그리고 더 비싼 물건을 사기 위해서 기록하고 관리하는 것은 마치 어른들의 경제활동과도 같아요. 이제 하나씩 자세하게 이야기해 볼게요.

돈 관리가 필요한 이유

- 희망아, 지금까지는 용돈을 받으면 그냥 다 써버리고 말았는데, 지금부터는 용돈을 네가 가진 자산이라고 생각하고 관리를 해보는 게 어떨까.

- 그러고는 싶은데, 무엇부터 해야할지 잘 모르겠어요. 아빠가 도와줄 수 있어요?

- 물론이지! 돈 관리는 매우 중요하고 꼭 필요한 기술이란다.

  첫 번째, 돈을 어떻게 쓸지 미리 계획을 세우는 게 필요해. 예를 들어, 용돈을 받으면 영화를 보러 가거나 장난감을 사는 등의 목표를 세우고, 그 목표에 맞게 돈을 나누어 사용하는 방법을 배워야 하지.

- 그냥 막 쓰는 게 아니라, 어떻게 쓸지 계획을 세워야 하는 거군요?

- 맞아! 그리고 돈을 받으면 일부는 즉시 쓸 수도 있지만, 일부는 저축해 두는 것도 필요해. 예를 들어, 가격이 비싼 운동화나 장난감, 전자제품을 사기 위해 돈을 모으거나 나중에 필요할 때 쓰기 위해 저축하는 거지.

  그리고 스스로 계획을 세우고 용돈을 아껴 쓰는 습관을 기르다 보면 책임감과 자립심도 기를 수 있단다.

지금까지는 매달 남기는 것 없이 다 써버렸는데, 다 쓰지 않고 일부는 모아두어야겠군요. 그런데 돈을 관리하는 게 어떻게 책임감이나 자립심과 연결되나요?

용돈을 스스로 관리하게 되면 무엇을 사야 할지, 얼마나 저축할지 스스로 결정해야 해. 이렇게 하면 자연스럽게 스스로 결정하고 행동하게 되고, 점점 책임감도 강해지겠지. 그리고 엄마 아빠에게 의지하면서 생활하는 습관에서 벗어나 스스로 직접 고민하고 적절하게 돈을 사용하는 법을 배우면 자립심도 생기지 않을까?

예를 들면, 단순히 부모님이 주시는 용돈을 그냥 받아 쓰는 생활을 지속하던 아이와 본인이 직접 돈을 쓸 곳을 정하고 작은 용돈이지만 아끼고 모으면서 계획적으로 생활해 오던 아이가 있다고 해 보자. 나중에 시간이 흘렀을 때 어느 쪽이 더 책임감 있는 경제 생활을 해 나갈 수 있을까?

아무래도 용돈을 관리하면서 성장한 아이가 더 책임감 있는 경제 활동을 할 수 있지 않을까요?

그래. 그렇게 꾸준히 계획을 세우고 실천했던 아이야말로 부모님으로부터 자립할 때가 되어도 당당하게 자신의 힘으로 독립적인 생활을 해 나갈 수 있겠지. 그렇게 성장한 건실한 청년 두 명이 만나서 결혼하게 된다면 부모님에게 의존하지 않아도 스스로 결혼식을 준비하고 행복한 결혼 생활을 해 나갈 수 있지 않을까?

돈이 쑥쑥 자라는 용돈 기입장 활용법

용돈 관리는 부모님이 강요해서 하는 것보다, 우리 친구들이 스스로 고민하고 계획하여 습관으로 자리잡을 수 있도록 하는 것이 중요해요. 어떻게 하면 용돈을 잘 사용하고 관리하면 좋을지 부모님과 함께 상의해 봐요. 우선 간단한 규칙을 정해 놓고, 그것을 지키려고 노력하고 습관을 들이도록 해보아요.

현명한 용돈 사용을 위한 목표 설정하기

- 아빠, 이제 용돈 관리하는 방법을 알려주세요.

- 계획의 첫 번째 단계는 바로 목표를 세우는 거란다.

  예를 들어, 비싼 물건을 사거나 많은 돈이 필요한 일을 위해 필요한 금액을 계산하고, 그에 맞춰 저축 계획을 세우는 거야.

- 그러면 저축 계획은 어떻게 세워요?

- 먼저, 사려고 하는 물건의 가격을 조사하고, 매주 또는 매월 얼마씩 저축할지 계획을 세우는 거지. 이렇게 하면 목표를 달성하는 데 걸리는 시간도 계산할 수 있지.

  저축 계획은 단기 목표와 장기 목표로 나눌 수 있단다. 예를 들면, 단기목표는 다음 주에 친구와 식당에서 밥을 사먹는 것처럼 비교적 빠른 시간 안에 이룰 수 있는 목표이고, 장기 목표는 몇 달 후에 MTB 자전거를 사는 것처럼 좀 더 오랜 시간이 걸리는 목표를 말해.

- 아, 이해됐어요! 단기 목표와 장기 목표를 나누면 계획을 더 쉽게 세울 수 있겠네요.

- 맞아. 목표를 단기, 장기로 나누어 설정하면, 돈을 어떻게 사용할지 더 세부적으로 계획할 수 있고, 매주 또는 매월 계획한 금액을 모아야 하기 때문에 불필요한 소비를 줄이고 꼭 필요한 항목에만 지출을 하게 된단다. 이렇게 습관적으로 아끼고 목표를 달성할 때 더 큰 만족감도 느낄 수 있지.

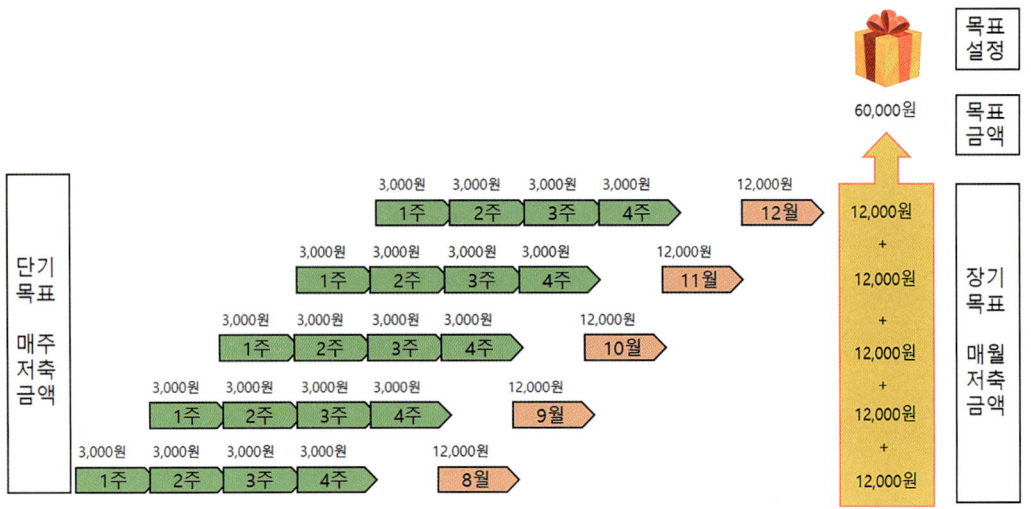

 '나는 일주일에 3,000원은 꼭 모을 거야!'

'그리고 나는 한달에 12,000원은 모을 거야!'

이렇게 단기적으로 계획하고 용돈을 모아 저축을 해 나가면 되지.

 티끌 모아 태산이라는 거군요.

용돈 기입장을 써보아요

 그러면 용돈을 매주 조금씩 모은다고 치고, 관리는 어떻게 해야 해요?

 희망아, 용돈 기입장 알지?

알죠.

 용돈기입장을 잘 활용하면 쉽게 용돈을 모을 수 있어.

 어떻게요?

 매일 돈이 들어오는 내용과 금액을 적는 거야.

그리고 매일 사용하는 돈의 내역과 금액도 적어 나가는 것이지. 그렇게 하루 하루 들어오는 금액과 나가는 금액을 비교하여 남는 돈을 적고 내가 한 달에 얼마의 돈을 쓰고 아끼면 얼마를 모을 수 있는지 기록하다 보면, 자연스럽게 아끼게 되어 돈도 모이고, 나아가서는 주식 투자 할 수 있는 돈도 모인단다.

 그러면 제가 받은 용돈을 이런 식으로 관리하면 되는 거네요.

1 2 3 4 5 6 7 8 ⑨ 10 11 12 (월)

날짜	내용	들어온 돈	나간 돈	남은 돈
8월30일	8월 남은 돈	12,000원		12,000원
9월1일	엄마 용돈	24,000원		36,000원
9월2일	아이스크림		2,000원	34,000원
9월3일	껌		1,000원	33,000원
9월12일	다이소(고속 충전기)		10,000원	23,000원
9월22일	할머니 용돈	10,000원		33,000원
9월24일	저금		12,000원	21,000원
9월24일	투자		10,000원	11,000원

1 2 3 4 5 6 7 8 9 ⑩ 11 12 (월)

날짜	내용	들어온 돈	나간 돈	남은 돈
9월30일	9월 남은 돈	11,000원		11,000원
10월1일	편의점 컵라면		2,000원	9,000원
10월1일	엄마 용돈	24,000원		33,000원
10월3일	음료수		2,000원	31,000원
10월12일	아이스크림		2,000원	29,000원
10월22일	분식집		5,000원	24,000원
10월24일	저금		12,000원	12,000원
10월24일	투자		10,000원	2,000원

돈이 쑥쑥 자라는 용돈 기입장 활용법

저축과 투자

- 아빠, 용돈 기입장에서 남아 있는 돈은 모아두는 게 좋겠죠?

- 그럼, 저축은 돈을 안전하게 모아두는 방법이기도 하지만 내 돈을 더 크게 만드는 방법이기도 하지. 한달 동안 사용하고 남는 용돈을 돼지 저금통에 안전하게 보관해 두는 것도 좋지만, 은행 통장에 저축하면 내 돈의 가치를 더 크게 만들 수 있단다.

- 은행에 넣어두는 게 어떻게 돈의 가치를 더 크게 만들어 주나요?

- 은행에 저축을 하면, 은행에서는 예금된 내 돈에 매달, 매년 이자라는 것을 꼬박꼬박 더해준단다. 이렇게 매달, 매년을 꾸준하게 저축을 하고 은행에서 주는 이자까지 모아 나간다면, 나중에 큰 돈이 되어있는 것을 확인할 수 있지. 이것을 아빠는 저축이 돈의 가치를 더 크게 만들어 준다고 표현한 거야. 이렇게 불어난 돈을 가지고 우리는 더 나은 미래를 계획하고 준비할 수 있지.

- 원래 가지고 있던 제 돈에 이자까지 더해지면 기분이 좋을 것 같아요.

- 맞아. 저축을 통해 돈이 쌓이는 걸 보면 보람을 느끼지. 매달 조금씩 불어나는 통장 금액을 보면서, 가까운 미래에 사고 싶은 물건을 하나씩 살 수도 있고, 조금은 먼 이야기 같지만 내가 꿈꿔온 미래에 조금씩 가까워지고 있다고 상상하는 것도 매우 행복한 기분일 것 같구나.

- 아, 이해했어요. 저축 말고도 돈을 더 많이 모을 수 있는 다른 방법이 있나요?

희망이 너는 재테크라는 말을 들어 봤니?

들어본 적은 있는데, 정확한 개념은 잘 모르겠어요.

재테크란 내가 가지고 있는 돈을 효율적으로 관리해서 재산을 불리는 것을 말하는데, 저축이나 주식투자, 부동산투자 등을 우리는 모두 재테크라고 말한단다. 보통 어디어디에 투자하고 있다라고 이야기하지.

그러니까 쉽게 말하면, 용돈을 가지고만 있지 말고, 제테크를 통해서 용돈이 더 커지게 만드는 것이네요. 제테크를 잘하기 위해서는 저축, 주식, 부동산 투자를 공부해야 하는 것이고요.

맞아! 정확해.

우리같은 어린이들이 할 수 있는 투자도 있을까요?

부동산처럼 투자액이 큰 것은 안 되겠지만, 주식 소액 투자는 충분히 가능하겠지.

소액투자가 뭐에요?

주식 소액투자란 큰돈이 없어도 작은 금액으로 주식을 사 모아 나가는 투자 방식을 말해. 예를 들면 5천 원이나 만 원 정도의 금액으로도 가치 있는 기업에 투자할 수 있지.

코로나때 우리 가족이 미국 기업들 주식을 샀잖아요. 그럼 그게 소액 투자에요? 제가 모은 용돈으로 '희망이컴퍼니'(우리 가족 용돈 투자 회사 이름)가 엔비디아 주식을 샀었는데 지금은 상당히 많이 올랐잖아요.

- 맞아! 정확해! 주식에 투자하면, 회사의 주가가 오르거나 내리는 것을 통해 돈이 어떻게 자라는지 알 수 있어. 주가가 오르면 투자한 돈이 늘어나는 것이고, 반대로 주가가 떨어지면 돈이 줄어들게 되지. 우리 희망이컴퍼니의 경우는 주가가 올랐으니 나름 투자에 성공했다고 할 수 있지. 이러한 과정을 통해서 어린이들도 부모님과 함께 투자와 관련된 경험을 쌓을 수 있단다.

- 저축과 투자 둘 다 중요한 거군요. 저축으로 돈을 안전하게 모아야 그 돈으로 투자를 할 수 있으니.

- 저축과 투자는 돈 관리에서 매우 중요한 부분이야. 저축으로 안정성을 기르고, 투자로는 더 큰 기회를 노리는 거지.

- 아빠 이 소는 뭐예요?

- 아! 이 동상은 세계 금융의 중심지인 미국 뉴욕 월스트리트에 가면 볼 수

있는 유명한 황소상인데, 3.2톤에 달하는 단단한 청동(구리와 주석의 합금)으로 만들었단다.

- 그런데 왜 황소상이 금융의 중심지에 있나요?

- 주식 투자하는 사람들이 힘찬 에너지를 받아 주식도 오르고 경기도 활성화되어 더 많은 투자가 이루어지길 바라면서 만들어 놓았지.

- 황소하고 주식하고 무슨 관련이 있나요?

- 아주 간단한 아이디어에서 시작되었단다. 황소가 머리를 아래로 숙인 상태에서 위로 들어올리면서 앞으로 돌진해 나가는 모습이 꼭 주식 시장에서 기업들이 성장해 나가는 모습과 비슷해서 그 이미지를 사용하게 되었지. 그런 황소의 역동적이면서 강력한 에너지가 금융시장에도 활력과 긍정적 에너지로 작용하기를 바라는 마음도 담겨져 있어.

- 아빠, 그럼 반대로 주식 시장이 좋지 않을 때나 경기가 반대로 나빠질 경우에는 어떤 동물로 표현하나요?

- 곰의 이미지로 표현을 한단다. 곰이 앞발을 사용해 무엇이든 아래로 눌러 내리는 모습이 마치 주식 시장에서 주가가 하락하는 것과 비슷해서 이렇게 표현하지.

- 그럼 주식 시장은 곰과 황소가 싸우는 곳이군요.

- 그렇지. 곰이 무거운 힘으로 주식 시장을 아래로 찍어 누르려고 하는 것을 베어마켓(Bear market)이라고 하고, 반대로 황소가 뿔을 들어 올리면서 강하게 밀어 올리는 것을 불마켓(Bull market)이라고 한단다.

 그럼 매일 황소가 이겼으면 좋겠어요. 불마켓이 될 수 있게.

 하하하! 맞아 그래서 사람들이 월스트리트에 저렇게 무겁고 큰 황소상을 만들어 놓은 것 같구나.

너도 현명한 소비자가 될 수 있어!

우리 친구들이 받는 용돈은 그리 많지 않아요. 사고 싶은 물건들을 모두 살 수 있다면 좋겠지만 현실적으로 그건 어려운 일이에요. 그렇기 때문에 우리는 신중하게 고민해서 똑똑한 소비를 해야 해요. 우선 물건을 살 때 '이 물건이 내게 정말 필요한 것인지?' '아니면 단순히 내가 갖고 싶은 것인지?'를 스스로에게 물어보아야 해요.

단순히 내가 갖고 싶다는 생각만으로 물건을 사지 않도록 주의해야 해요. 그래야 나중에 정말로 내게 필요한 물건을 살 때 돈이 부족하지 않겠죠?

현명한 소비 습관

돈을 모으는 것도 중요하고, 현명하게 투자하는 것도 중요하다고 했지? 그것말고도 중요한 경제 습관이 있는데 그게 뭘까?

저축, 투자 말고 또 다른 중요한 습관이 있다고요?

응, 바로 현명한 소비(돈을 써서 물건을 사거나 서비스를 이용하는 것) 습관이야. 최대한 소비를 줄이는 습관을 말하지.

아빠, 어떻게 하면 현명하게 소비할 수 있을까요?

현명한 소비를 위해서는 첫째로 물건을 사기 전에 여러 곳에서 가격을 비교해보는 거야.

예를 들어, 인터넷 쇼핑을 한다면 여러 사이트에서 가격을 비교해보는 거지. 또 오프라인 매장과 온라인 쇼핑몰의 가격도 비교한 후 더 저렴한 곳에서 구매할 수 있어.

그럼 가격 비교 외에 다른 방법이 있을까요?

두번째로 가성비를 고려하는 거야. 가격 뿐만 아니라 성능, 품질 그리고 사용기간도 함께 따져보는 거지. 예를 들어, 가격이 저렴한 물건이 있더라

도 기능이 적거나, 품질이 낮아서 금방 고장나면 장기적으로는 비싼 선택이 될 수 있어.

 가성비를 어떻게 확인할 수 있어요?

 가성비란 가격 대비 성능을 말하는 거잖아? 예를 들어, 새로운 가방을 산다고 해보자. 책과 운동화를 담을 수 있는 동일한 크기의 가방일 경우에 그 기능이 같다면 저렴한 가격대의 가방이 가성비가 좋다고 쉽게 생각할 수 있어. 하지만 품질과 사용기간도 고려해보아야 해. 그렇지 않으면 저렴하게 구매한 가방이 일주일 또는 한 달도 못 가서 고장이 나거나 찢어져서 못쓰게 되어, 새 가방을 또 사야 해. 결국 2개의 가방을 사야 하기 때문에 더 많은 비용을 쓰게 되어 손해를 보게 된 것이지.

반대로 조금 비싸지만 품질이 좋은 가방을 구매한다면, 품질이 떨어지는 가방보다 더 오래 사용할 수 있기 때문에, 결국엔 더 가성비가 좋을 수 있지. 그래서 단기적인 가격만 보는 것이 아니라, 장기적인 사용기간도 고려해서 선택해야 돼.

- 그러니까, 물건을 사기 전에 여러 곳에서 가격을 비교하고, 품질과 사용 기간까지 고려해야 하는 거군요.

- 맞아! 그렇게 하면 불필요한 소비를 줄이고, 더 좋은 가성비의 물건을 살 수 있단다. 이것이 바로 소비를 현명하게 하는 방법이지. 가성비를 고려한 소비 습관은 돈을 절약할 수 있을 뿐만 아니라, 더 만족스러운 구매를 할 수 있단다.

  가성비 제품 중에 희망이와 관련된 게 뭐가 있을까?

- 운동화요.

- 운동화? 감이 잘 안 오는데….

- 신발 살 때, 엄마 아빠가 항상 큰 사이즈 운동화를 사야 한다고 하시잖아요? 제 발이 너무 금방 커진다고 하시면서.

- 아 그렇구나. 그렇지 희망이 발이 너무 빠르게 자라기 때문에 아주 비싼 운동화를 사 주더라도 6개월~1년도 못 가서 신발을 또 사야 하니, 품질이 너무 좋고 오래 신을 수 있는 고가의 운동화보다는 가격이 적당하면서 품질도 어느 정도 받혀주는 운동화를 자주 자서 신는 것이 좋겠지.

- 아빠 그럼 반대로 비싸고 좋은 신발은 크게 사서 오래 신어도 좋지 않아요?

- 그 방법도 있지만 너무 큰 신발을 사면 걸어 다닐 때도 축구할 때도 많이 불편할 것 같은데?

- 그렇네요. 신발이 너무 크면 걷거나 뛸 때 많이 불편할 것 같긴 해요.

그럼 저는 할인 매장에 가서 저가의 운동화를 자주 사서 신는 방법을 선택할게요.

 그렇지. 그게 좋겠구나.

필요성 vs 욕구

 현명한 소비 습관에는 또 뭐가 있을까?

 꼭 필요한 물건만 사는 거죠. 다시 말해 충동구매를 줄이는 거죠.

 어떻게 하면 꼭 필요한 물건만 살 수 있을까?

 마트에 가기 전에 구매 리스트를 미리 만들어서, 그 리스트에 있는 물건만 사는 거에요.

아주 좋은 방법인 걸. 꼭 필요한 물건을 사는 것은 아주 중요한 소비 습관이라고 할 수 있어. 물건을 살 때 그 물건이 정말 필요한지 생각해 보는 것
은 무척 중요해. 현재 가지고 있는 물건과 비교해 보고 정말 새로 사야 하는지 고민해 보는 거야.

그럼 어떤 물건를 살때, 나에게 꼭 필요한 물건인지 아니면 그렇지 않은 물건인지는 어떻게 구분할 수 있을까?

글쎄요.

우리가 소비를 할때 흔히 느끼는 감정인데, 이 두 감정을 잘 구분하는 것도 현명한 소비 습관을 기르는 데 매우 도움이 된단다.

필요한 것과 원하는 것은 어떻게 다른가요?

필요한 것은 희망이가 학교나 일상생활에서 꼭 필요한 물건들, 예를 들면 학용품, 의류 등이 될 수 있고, 원하는 것은 지금 당장 없어도 되는 것들, 예를 들면 최신 장난감, 게임기 등이 있지.

그럼 어떻게 필요한 것과 원하는 것을 쉽게 구분할 수 있어요?

🔲 스스로에게 물어보면 된단다.

'나는 이걸 정말로 필요로 할까?'

'이 물건이 내 생활에 어떤 도움이 될까?'라고. 이렇게 스스로에게 물어보면 실제로 필요한지 필요하지 않은지를 쉽게 알아낼 수 있단다.

🔲 그럼 원하는 것은 어떻게 알 수 있어요?

🔲 원하는 것은 지금 당장 급하게 필요한 물건은 아니지만 내가 가지고 싶거나 하고 싶은 것들이야. 시간적으로 급하지 않지. 그리고 꼭 살 필요가 없는 것들도 있단다.

🔲 그럼 새로 나온 닌텐도 스위치나 플레이스테이션도 원하는 것으로 보아야겠네요. 그런데 어떻게 제가 그 물건을 단순히 원하고 있는 것인지 확인할 수 있어요?

🔲 스스로에게 '이 물건이 없어도 지금 생활하는 데 큰 문제가 발생하지 않는가?'를 물어보고 그 대답이 '뭐! 딱히 지금 꼭 필요한 것은 아니야. 나중에

필요한 것   원하는 것

사도 괜찮아.'라고 생각되면, 내가 지금 원하지만 꼭 필요한 물건은 아니라는 것을 쉽게 알 수 있겠지.

이렇게 필요한 것과 원하는 것을 정확히 구분해서 현명하게 소비를 한다면, 불필요한 항목의 지출을 줄이고, 더 많이 저축할 수 있게 된단다. 그렇게 쌓인 돈은 다시 소액투자의 기회도 만들어 낼 수 있지.

구매 후 활용도 상상하기

장기적으로 계획을 해서 원하는 것을 살 때에도 고민해야 하는 부분이 있단다.

어떤 부분이요?

어떻게 사용할지, 얼마나 오랫동안 사용할지, 얼마나 자주 사용할지 등을 구매 전에 고민해 보는 것이 좋지.

어떻게요?

물건을 산 후에 어떻게 사용할지를 생각해 보는 거야. 상상으로 말이지. 예를 들어, 장난감을 사면 얼마나 자주 사용할 것인지, 몇 번이나 사용할 것인지를 상상해 보는 거지. 그리고 장기적으로 그 물건이 얼마나 유용한지도 생각해 보는 거야. 일시적인 재미를 위한 물건이 아닌가? 장기적으로 나에게 꼭 필요하고 유익한 물건인가?

예를 들어, 닌텐도 스위치를 40만 원을 주고 산다면 얼마나 자주 사용하게 될지, 몇 살까지 할 수 있을지 등을 미리 고민해 보는 거야. 자주 사용하고 오랫동안 사용할 수 있는 것으로 사야겠지?

 아! 그렇군요.

유용한 팁과 실생활 예시

 아빠, 용돈을 절약할 수 있는 좋은 방법이 있을까요?

 일상 생활에서 돈을 절약할 수 있는 여러 가지 방법들이 있단다. 희망이는 아빠와 운동 후 음료수를 마시는 걸 좋아하잖아. 희망이 네가 좋아하는 음료수를 공짜로 살 수 있는 방법도 있단다. 편의점에서 자주 보는 1+1 같은 행사 상품을 활용하는 거야. 이런 행사를 이용하면, 음료수 두 개를 사는데 드는 비용이 절반으로 줄어들겠지. 그럼 음료수 하나만큼의 비용을 아낄 수 있겠지.

그럼 절약한 돈으로 다른 것을 할 수 있겠네요! 그럼 아빠 오늘 저녁 축구 하고 음료수는 1+1 행사 제품으로 마셔요.

좋아!

그리고 2,200원 소비를 제가 줄여드렸으니, 우리 그 돈으로 미국 주식 하나 사요.

그럴까? 지금 환율이 1,300원 정도 하니 1달러짜리 주식 하나 살 수 있겠네.

아빠 또 다른 절약 방법에는 어떤 것이 있을까요?

세일을 이용하는 방법도 있지. 매장에서 세일을 할 때 구매하면 평소보다 저렴한 가격에 살 수 있어.

아울렛에 가면 80% 세일하는 나이키 운동화도 있잖아요.

맞아. 그런 세일 상품을 구매하면 80% 금액의 소비를 줄일 수 있고 그 줄인 금액만큼 주식 투자를 할 수 있겠지.

할인상품에 숨어 있는 함정

마트에 가면 1+1 상품이나 80% 할인하는 상품들이 많이 있잖아요. 궁금한 점이 생겼어요. 이렇게 항상 기업들이 할인을 많이 해주고 하나씩 더 공짜로 주게 되면 기업들이 큰 손해를 보는 거 아닌가요?

아주 좋은 질문인 걸!

맞아. 1+1 행사 상품이나 할인 제품들을 보면 그렇게 생각이 들 수도 있겠구나. 기업들이 신재품을 시장에 소개할 때, 관심을 끌기 위해서도 이런 할인 행사를 많이 한단다. 하지만 이렇게 겉으로 보이는 1+1 행사 상품이나 파격적인 할인율로 세일을 하는 상품에는 가끔 우리가 생각하지 못하는 숨은 함정들도 있으니 조심해야 한단다.

함정이요? 무슨 함정이 있어요?

우유 같은 제품을 먼저 예를 들어볼까? 우유는 유통 기한이 매우 짧은 제품이야. 이렇게 유통 기한이 짧아서 판매할 기간이 얼마 남지 않은 제품의 경우 유통기한이 지나기 전에 판매하지 못하면 모두 버려야 한단다. 그래서 2개를 묶어서 판매하는 경우가 많지.

맞아요. 저희도 이런 1+1 상품 많이 사잖아요?

그런데 희망아. 우리가 그 우유를 유통기한 전에 다 마신 적이 있었니?

하나는 거의 다 마시는데, 2번째 우유는 많이 남아서 버렸던 것 같아요.

그렇지! 이처럼 싸게 2개를 사더라도 유통기한이 얼마 남지 않는 경우에는, 한 개는 빨리 마실 수 있지만, 두 번째 우유는 유통기한 안에 마시지 못하기 때문에 아까워도 모두 버려야 하는 상황이 발생할 수 있단다. 이런 경우라면 조금 비싸더라도 우유를 한 개만 사서 마시는 것이 더 현명한 소비가 될 수 있지.

맞아요. 먹지도 못하고 버리는 우유는 너무 아까운 것 같아요.

그것 말고도 소비자들이 주의 해야 하는 것들이 더 있단다.

또 있어요?

소비자들은 할인 가격에 흥분한 나머지 원래 가격을 확인하지 않고 급하게 구매하는 경우도 있지.

원래 가격에서 할인해 주는 것이 아닌가요?

행사 상품을 살 때는 행사 전에 판매하던 평소 가격을 확인하는 것이 중요해! 자세히 살펴보면 가끔 할인된 가격이 평소에 판매했던 가격보다 더 높게 설정되어 있는 경우도 있으니 조심해야 한단다.

그럼 할인해 준다고 해 놓고, 더 비싸게 팔고 있는 거네요.

그렇지. 그래서 소비자들은 매의 눈으로 가격을 살펴보고 비교해서 할인 상품을 현명하게 선택해야 한단다.

와! 너무 하네요. 또 다른 주의사항은 없나요?

1+1 행사를 기업이 하는 이유 중 가장 큰 이유가 하나 있는데, 그것은 바로 인기가

없는 제품이 오랫동안 판매가 안 돼서 재고로 창고에 오래 남아있을 경우, 창고에 오래 보관되어 있던 비인기 제품들을 정리하기 위해서 파격적인 할인 행사를 하는 경우도 있단다.

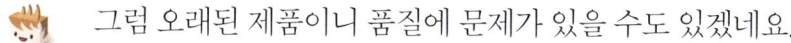 그럼 오래된 제품이니 품질에 문제가 있을 수도 있겠네요.

맞아. 특히 먹는 음식을 구매하거나 유통기한에 민감한 제품을 구매할 때에는, 행사 상품들의 생산된 날짜를 확인해 보는 것도 매우 중요해. 이 부분도 꼼꼼히 살펴보고 결정하는 것이 좋단다.

또 있을까요?

있지. 큰 폭의 할인율을 적어 놓거나 할인된 가격을 크게 표기해서 소비자들의 눈에 띄게 만들어 놓는 거야. 그런 상품은 계산대에서 영수증을 꼼꼼히 살펴보지 않으면 큰 손해를 보는 경우도 있단다.

 어떻게 그게 가능해요?

 가격표를 자세히 들여다보면 아주 작은 글씨로 할인이 되는 특정 조건들이 표시되어 있거든. 하지만 이 글자들은 보통 너무 작게 써 놓아서 할인율에 흥분한 나머지 그냥 구매하게 된단다. 예를 들어, 특정 신용카드로 계산을 하지 않으면 원래 정상 가격을 다 내고 사야 하는 경우가 있지.

 그럼 할인을 전혀 못 받는 건가요?

 맞아. 왜냐하면 구매 조건을 소비자가 맞추지 않았기 때문에 할인 가격이 적용되지 않는단다.

 다른 것도 있을까요?

 할인 상품을 구매할 때 가장 조심해야 하는 부분이 있는데, 그것은 바로 지금 필요하지 않는 제품을 할인 행사의 할인폭에 이끌려서 그냥 사는 행위야. 현명한 소비를 통해서 돈의 사용을 줄이고 이렇게 절약한 금액을 저축하고 투자를 이끌어 내야 하는데, 할인 행사에 끌려 지금 당장 필요하지 않는 제품을, 그것도 대량으로 구매해 버리면 집에 쓰지도 않는 물건을 그냥 오랫동안 쌓아 놓는 꼴이 된단다. 용돈을 은행에 저축해서 이자를 받아 돈을 불려야 하는데, 이런 행사에 잘못 끌려가다 보면 반대로 용돈을 창고에 쌓아놓는 꼴이 되는 거지.

그래서 꼭 마트 가기 전에 필요한 물품 리스트를 미리 정리해서 가야 하는 거군요.

맞아.

혹시, 영수증 리뷰 이벤트 같은 것도 절약 생활에 도움이 될까요?

그럼. 영수증 리뷰 이벤트도 유용할 수 있어. 영수증을 보관하고 특정 앱이나 웹사이트에서 리뷰를 남기면, 포인트를 적립하거나 할인 쿠폰을 받을 수 있는 경우가 있어. 이렇게 하면 추가로 돈을 절약하거나 보상을 받을 수 있어.

식당에서도 영수증 리뷰 하면, 콜라나 사이다 그리고 냉면이나 라면도 서비스로 주잖아요?

그렇지 고기집 같은 경우에는, 간단히 영수증 리뷰를 하게 되면, 어차피

고기 먹고 탄산 음료수도 먹어야 하니, 그 음료수 비용만큼 소비를 줄이게 되는 효과를 볼 수 있겠구나.

 또 다른 아이디어가 있을까요?

 일회용 제품 대신 재사용 가능한 물건을 사용하면 장기적으로 돈을 절약할 수 있어. 또한 할인 쿠폰을 모아두고 필요할 때 사용하는 것도 좋고, 정기적으로 가격을 비교하여 더 나은 가격에 구매하는 것도 좋은 방법이야. 이런 것이 바로 소비를 줄이는 방법이지.

 여러 가지 방법으로 돈을 절약하고 활용할 수 있군요. 저도 이런 방법을 꼭 기억해 두었다가 이제부터라도 현명한 소비를 해야겠어요.

더 생각해보기

1. 부모님으로부터 용돈을 받을 때, 돈을 어떻게 사용할지 미리 계획해 본 적이 있나요? 어떤 방법으로 계획을 세웠나요?

2. 최근에 용돈으로 무엇을 샀고, 왜 그 선택을 했는지 이유를 설명해 보세요.

3. 물건을 사고 후회한 적이 있다면 왜 후회를 하게 되었는지 적어 보세요.

4. 물건을 살 때 가격과 품질을 비교하는 나만의 노하우를 적어 보세요.

5. 사고 싶은 물건 중에 꼭 필요하지 않은 물건이 있다면 적어 보세요.

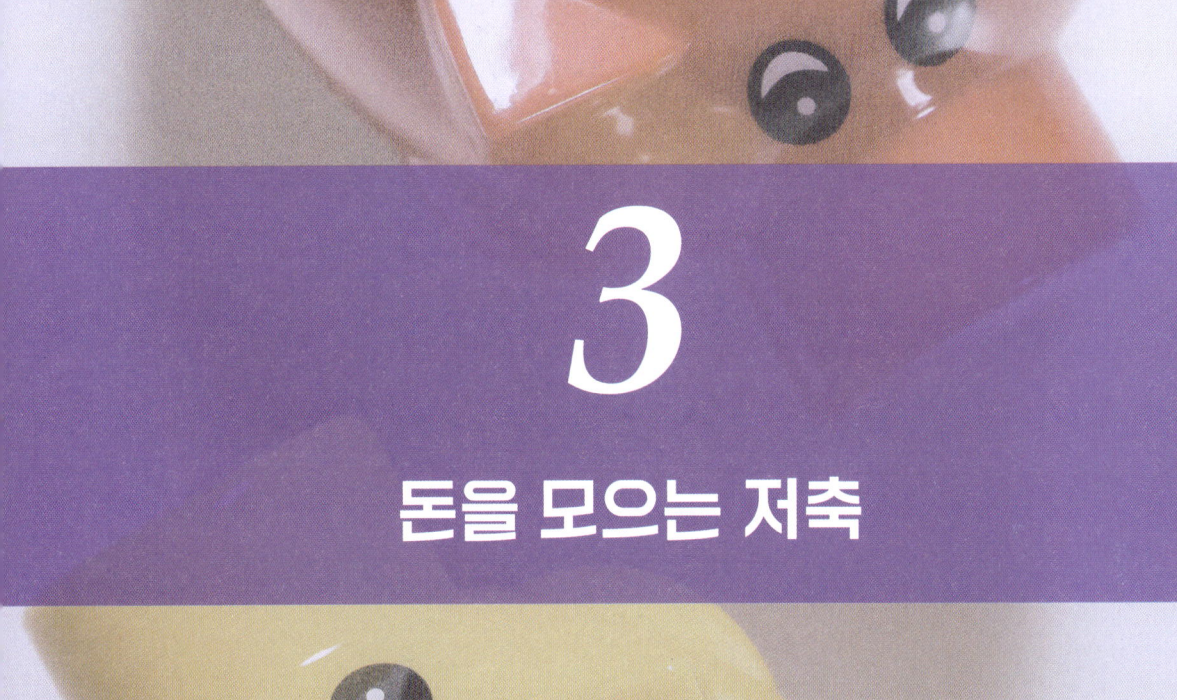

3

돈을 모으는 저축

저축: 돈이 자라는 복리 마법

이자와 돈의 성장

 은행 이자에 대해 설명해주세요.

 아주 쉽게 예를 들어 줄게. 네가 매달 1,000원을 저축한다고 생각해 보자.

1,000원은 작은 돈처럼 보일 수 있지만, 매달 꾸준히 모으면 1년 후에는 12,000원이 되지.

쉽게 계산하기 위해 이자율을 10%라고 가정해서 계산해 보면,

한달에 1,000원, 1년: 12,000원, 1년치 이자: 1,200원

총 1년 저축금액은 원금 12,000원+이자 1,200원이니까 13,200원이 되는거지.

 그냥 돈을 가지고 있지 말고 은행에 저축하면 원래 돈보다 훨씬 많아지겠

네요.

🟫 돈을 은행에 맡기는 건 마치 씨앗을 심는 것과 같아. 네가 씨앗을 심고 물도 주고 햇빛도 받게 하면 시간이 지나면서 씨앗이 자라서 열매를 맺잖아. 은행에 맡긴 돈도 마찬가지로 시간이 지나면 이자라는 열매가 맺히는 거야.

👦 와, 그렇군요! 그럼 저축하는 시간이 길수록 더 많은 돈을 가질 수 있겠네요.

🟫 그렇지. 그래서 저축이 중요한 거야. 씨앗을 심으면 시간이 지나야 열매를 얻을 수 있는 것처럼, 돈도 은행에 맡기면 시간이 지나면서 점점 더 불어날 수 있어. 지금부터 조금씩 저축하면 나중에 큰 열매를 얻을 수 있을 거야.

👦 은행에 저축하는 것은 돈나무를 심는 것과 같네요.

🟫 아주 좋은 비유인데! 저축에는 인내심이 필요하지만, 그만큼 큰 보상을 얻을 수 있을 거야. 시간이라는 마법의 가루를 뿌려주면 희망이의 돈나무는 무럭 무럭 자랄거야.

저축: 돈이 자라는 복리 마법

복리의 마법

단리는 나무를 심고 한 번 열매를 따는 것과 같아요. 매년 같은 양의 열매를 얻죠. 하지만 복리는 매년 열매를 얻고, 그 열매의 씨를 다른 곳에 심어서 더 많은 나무를 키우는 것과 같아요. 시간이 지나면 엄청나게 많은 나무와 열매를 얻게 돼요.

 이자에는 단리와 복리가 있단다.

 뭐가 다른거죠?

 단리는 매달 똑같은 이자가 붙는 것이고, 복리는 원금에 이자를 더한 금액에 이자가 붙는 방법이야. 그렇기 때문에 복리는 눈덩이를 굴리는 것에 비유할 수 있어.

 그러니까 복리는 시간이 지날 수록 점점 더 많이 늘어나는 거군요.

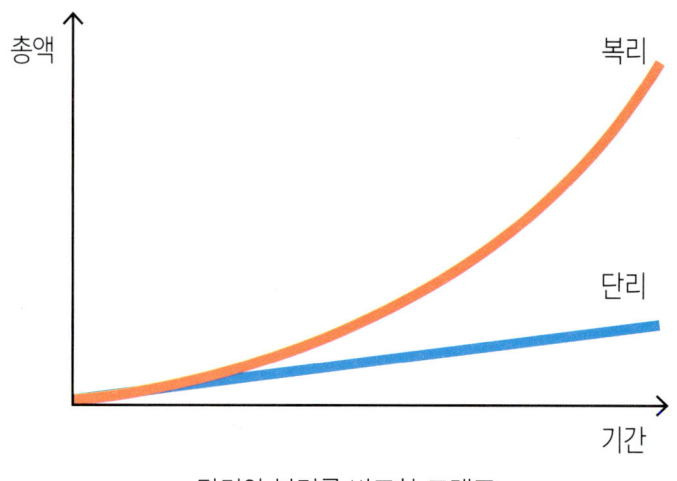

단리와 복리를 비교한 그래프

맞아! 처음에 돈을 저축하거나 투자하면 이자가 붙고, 그 이자에도 또 이자가 붙어서 돈이 점점 더 빨리 늘어나게 돼. 그래서 시간이 지날수록 돈이 더 많이 불어나지.

알겠어요! 지금 당장 시작하고, 정기적으로 오래 투자하면 복리 덕분에 돈이 점점 더 빨리 늘어나겠네요.

맞아! 복리는 정말 중요한 개념이니까 잘 기억해 둬야 해.

네. 이제 복리 마법이 어떻게 작용하는지 잘 알겠어요.

꾸준함의 중요성

꾸준히 돈을 저축하거나 투자하는 것이 중요해요. 매일 나무에 물을 주면 건강하게 자라는 것처럼, 꾸준히 지속해서 돈을 모으면 복리의 마법이 작동해서 더 큰 돈을 만들 수 있어요.

- 빨리 시작하기 : 가능한 빨리 돈을 저축해야 해요.
- 장기적으로 저축하기 : 오랜 시간 저축하면 복리의 효과가 더 크게 나타나요.
- 정기적으로 저축하기 : 매달 꼬박꼬박 저축해야 복리 효과를 극대화할 수 있어요.

이렇게 절약한 돈으로 소액 저축이나 투자를 하는 것도 매우 좋은 자산관리 방법이란다.

예를 들어 작은 기업의 주식을 사놓는 거지. 이렇게 하면 음료수를 사면서도 돈을 절약하고, 투자 기회를 얻을 수 있는 거지. 이런 하루 하루의 일상적인 습관이 1년 365일, 10년, 20년 동안 쭉 쌓이면, 대단한 투자 수익으로 돌아오게 된단다. 거기다 주식의 복리 마법까지 더한다면 말이지.

아빠 복리를 쉽게 계산하는 방법이 있나요?

있지. 그럼 한번 계산해 볼까? 검색엔진에서 복리계산기를 검색하면 오른쪽 이미지와 같은 계산기가 나온단다. 계산기 항목에 금액, 기간, 이자율을 넣으면 자동으로 계산해서 최종 얼마를 받게 되는지 쉽게 확인할 수 있어.

만약 음료수 1+1 행사 제품으로 2,200원을 아낀다고 가정해 보자.

일주일에 4번 마시면, 2,200원 곱하기 4일 하면 8,800원, 한달은 4주니깐 8,800원 곱하기 4주는 35,200원을 아낄 수 있지.

이렇게 매달 아낀 돈을 20년 동안 복리로 주식에 장기 투자할 경우 계산해 보면 이렇게 된단다.

어때! 정말 복리는 대단하지?

와 정말 신기하네요. 이렇게 하면 돈을 쑥쑥 불릴 수 있겠어요.

N	적금계산기		

블로그　카페　이미지　지식iN　인플루언서　동영상

월납입액　　　　　　　　　　　　　　　　　35,200 원
　　　　　　　　　　　　　　　　　　　　　3만 5,200 원

　　　　　+10만　　　　+100만　　　　+1,000만

적립기간　**년**　월　　　　　　　　　　　　　20 년

　　　　　+1년　　　　+5년　　　　+10년

연이자율　단리　**월복리**　　　　　　　　　20 %

이자과세　　　일반과세　　**비과세**　　세금우대

　　　　　↻ 초기화　　　　　　계산하기

매월 3만 5,200원씩 20년동안
연 이율 20%로 저축하면
총 **1억 1,128만 4,074원**을 수령하실 수 있습니다.

월납입액 : 35,200원

적립기간 : 20년

투자 수입율 : 20% (장기 투자할 경우, 주식 투자 수익율 20% 적용의 경우)

연이자율 : 주식 복리

총 1억 1,128만 4,074원

저축: 돈이 자라는 복리 마법　81

실생활에서 돈 모으기

- 돈은 꼭 부모님이 주기적으로 주는 용돈으로만 얻을 수 있는 것은 아니겠지?

- 심부름, 빨래 개기, 설거지나 분리수거 같은 집안일을 도와드리면 엄마가 보너스 용돈을 주시기도 하시거든요. 그 돈을 모아서 필요한 것을 사라고 하셨어요.

- 얼마 정도 받고 있니?

- 간단한 심부름 500원, 분리 수거 400원, 설거지 300원, 빨래 개기 200원 이렇게 정했어요.

- 희망이가 엄마를 더 많이 도와주면 더 많은 수입이 생기겠네?

나에게 맞는 저축 통장

저축통장의 종류 이해하기

- 희망아, 저축이 뭐라고 했지?

- 돈을 모아서 나중에 필요할 때 쓰기 위해 보관하는 것을 말해요. 은행에 돈을 맡기면 안전하게 보관할 수 있고, 이자라는 보상도 받을 수 있어요.

- 좋아! 정말 잘했어. 이제부터 우리가 저금할 수 있는 은행 통장에는 어떠한 것들이 있는지 함께 알아 보자.

예금과 적금의 종류

예금 vs 적금

예금과 적금은 둘 다 돈을 모으는 방법인데 조금 차이가 있어요. 예금은 한 번에 큰돈을 은행에 맡기고, 그 돈을 일정 기간 동안 그냥 두는 거지요. 시간이 지나면 이자를 더해져요.

적금은 매달 조금씩 돈을 일정 기간 동안 넣는 거예요. 그러면 나중에 넣은 돈과 이자를 합쳐서 받게 돼요. 예금은 큰돈을 맡길 때, 적금은 매달 조금씩 모을 때 사용하는 방식으로 조금 차이가 있어요.

자유예금 vs 정기예금

자유예금은 돈을 자유롭게 넣고 뺄 수 있는 예금이예요. 언제든지 돈이 필요할 때 찾아 쓸 수 있지요.

반면에, 정기예금은 정해진 기간 동안 돈을 맡겨야 하고, 그 기간이 끝나기 전에 찾으면 이자를 적게 받을 수 있어요. 하지만 정기예금은 이자가 더 높아서 돈을 묶어둘 계획이 있을 때 유리하답니다.

자유적금 vs 정기적금

자유적금은 매달 얼마를 넣을지 자유롭게 결정할 수 있는 적금이예요. 상황에 따라 돈을 더 넣거나 적게 넣을 수 있지요.

반면 정기적금은 매달 정해진 금액을 꼭 넣어야 해요. 정기적금은 규칙적으로 돈을 모으는 데 좋고, 자유적금은 유연하게 저축하고 싶을 때 좋답니다.

자유예금 vs 자유적금

자유예금은 돈을 자유롭게 넣고 뺄 수 있어서, 필요할 때 언제든지 찾을 수 있어요. 하지만 자유적금은 돈을 자유롭게 넣지만, 일정 기간 동안은 빼지 않고 모아야 해요.

정기예금 vs 정기적금

정기예금은 한 번에 큰돈을 은행에 맡기고, 정해진 기간 동안 이자를 받는 방식예요.

하지만 정기적금은 매달 일정 금액을 저축해서 기간이 끝나면 이자를 포함해 돈을 받는 거지요. 정기예금은 목돈을 맡겨서 이자 수익을 목적으로 하고, 정기적금은 매달 돈을 모아 목돈을 만들 때 유리한 방법이지요.

내게 맞는 통장 선택하기

아빠, 저축하려고 하는데 통장이 여러 가지 있더라구요. 어떤 걸 선택하면 좋을까요?

통장은 네가 어떻게 돈을 사용할지에 따라 선택하면 된단다. 통장도 각각 개성이 너무 달라서 희망이 용돈의 크기 그리고 지출 습관에 맞는 통장을 선택하는 것이 좋아. 그럼 같이 고민해볼까.

좋아요! 어떤 통장이 저한테 맞을까요?

네가 용돈처럼 자주 돈을 넣고 빼야 한다면, 입출금 자유예금 통장이 좋을 것 같구나. 이 통장은 자유롭게 돈을 넣고 뺄 수 있어서 필요할 때 언제든지 사용할 수 있단다.

그러면 용돈 관리하기에 딱이겠네요! 이자는 높나요?

입금, 출금이 자유로운 만큼 이자율이 정기적금 통장에 비해서 낮은 편이란다.

그럼 정기적금으로 할까요? 정기적금은 어때요?

좀 더 큰 돈을 모으고 싶거나 더 높은 이자율을 원한다면, 입출금 자유예금 통장보다는 정기적금 통장이 좋단다. 하지만 자유롭게 돈을 넣고 뺄 수 없기 때문에 급하게 돈을 찾아 써야 할 경우에도 돈을 찾을 수가 없는 불편함이 있지. 하지만 불편함이 있는 만큼 이자율도 높고 쉽게 찾아 쓰지 못하기 때문에 목돈을 만들 수 있는 통장이란다.

- 음, 그러면 매달 일정 금액을 저축하는 걸 목표로 한다면 정기적금 통장이 딱 이겠네요!

- 그렇지! 네가 어떤 목표를 가지고 있는지에 따라 통장을 선택하면 돼. 자주 돈을 넣고 빼야 하면 보통예금, 그리고 매달 조금씩 모으고 싶으면 정기적금이 좋아.

- 알겠어요! 저도 이제 제 목표에 맞는 통장을 선택해서 저축할 수 있을 것 같아요.

- 뭘로 하려고? 결정했어?

- 자유예금 통장이요. 이자율이 조금 낮더라도 친구들 생일 파티에 초대받으면 선물도 준비해야 하니, 저는 출금이 자유로운 통장이 좋을 것 같아요.

어린이 통장 만들기

우리 친구들 이름으로도 통장을 만들 수 있어요. 또한 가족 명의로 예금 통장을 만들 수 있는데요, 필요한 서류는 아래와 같습니다.

- 신청인(대리인) 신분증 : 동행하시는 부모님의 주민등록증/운전면허증/여권 등
- 가족관계확인서(가족관계가 표시된 경우에 한함) : 주민등록등본/가족관계증명서/외국인등록사실증명 등
- 자녀가 만14세 미만일 경우 법정대리인 확인 서류 : 미성년자 명의 기본증명서(특정-친권-후견)
- 거래인감(도장) : 대리인에 의한 서명거래 불가

가족관계확인서 및 기본증명서는 최근 3개월 이내 발급분으로 주민등록번호 전체가 표기되어야 합니다. 거래인감(도장)은 통상적으로 예금주의 이름과 동일하게 사용하나, 반드시 예금주 이름과 일치하여야 하는 것은 아닙니다.

가족관계확인서는 온라인(대법원 전자가족관계등록시스템) 또는 주민센터에서 발급받으실 수 있습니다.

저축으로 꿈을 이루어보자

절약 저축 › 통장 선택 › 단기 계획 › 장기 계획 › 기간 설정 › 가격 확인 › 목표 설정

목표 설정

- 아빠, 저 자전거 사고 싶은데 조금 비싸서, 어떻게 돈을 모아야 할지 모르겠어요.
- 그러면 우리 자전거를 사기 위한 저축 목표를 한번 세워볼까.
- 좋아요! 그럼 어떻게 시작해야 할까요?

가격 확인

- 먼저 우리가 모을 금액을 정해보자. 자전거가 얼마 정도 하는지 알아봤어?
- 음, 제가 사려고 하는 자전거는 24만 원쯤 하는 것 같아요.

기간 설정

- 그렇다면 목표 금액은 24만 원이 되겠네. 이제 이 돈을 언제까지 모을지 기간을 정해보자. 언제쯤 자전거를 사면 좋을까?
- 돈을 모으려면 시간이 좀 걸릴 것 같으니 1년 정도 후에 사면 어떨까요?

장기 계획 설정

- 좋아! 그럼 12개월 동안 24만 원을 모으는 걸 목표로 하자. 그럼 매달 얼마나 모아야 할지 계산해 볼까?
- 24만 원을 12개월로 나누면, 매달 2만 원씩 모아야 하네요!

단기 세부 실행 목표 설정

- 맞아. 이제 매달 2만 원을 저축하는 계획을 세워보자. 한 달 용돈이 얼마지?

- 음, 제 용돈이 매주 6,000원이니까 한달 24,000원을 받는데 거기에서 음료수나 아이스크림 사먹으면 조금 남거든요. 앞으로는 군것질 비용을 줄여서 남은 용돈을 조금씩 저축하고, 집안 일 도와드리고 받는 보너스 용돈을 아주 많이 모아야겠어요.
- 아주 훌륭한 계획인 걸!

통장 선택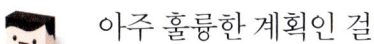

- 그럼 이제 매달 저축한 돈을 어디에 둘지 정해보자. 저축 통장을 하나 만드는 건 어떨까?
- 은행에 가서 입출금 자유예금 통장을 만들면 되지 않나요?
- 맞아. 은행에 가서 입출금 자유예금 통장을 만들고, 매달 돈을 꾸준히 넣어보자.

진행 상황 확인

- 이제 저축만 하면 되겠군요. 정말 기대돼요!
- 희망아! 저축도 중요하지만 얼마나 저축했는지 매달 기록하는 것도 중요해. 저축 다이어리를 만들어서 기록해 보는 건 어때?
- 네, 좋아요! 매달 저축한 금액을 적어두면 내가 얼마나 모았는지 쉽게 알

수 있잖아요.

맞아, 그렇게 하면 목표에 얼마나 가까워졌는지도 쉽게 확인할 수 있어. 그리고 매달 저축 상황을 확인하면서 계획대로 잘 모이고 있는지 점검할 수 있지. 필요하면 계획을 조금 수정할 수도 있고.

알겠어요, 아빠! 만약 더 빨리 모으면, 다른 새로운 목표를 세울 수도 있겠네요.

목표달성 후 보상

목표를 달성하면 스스로에게 작은 보상을 주는 것도 잊지 말고. 예를 들어, 돈을 무사히 다모아서 자전거를 사면 기념으로 아이스크림을 먹으러 가는 것도 좋겠지?

그럼 아빠도 작은 보상 하나 해주세요, 제가 자전거 사는 날.

좋아! 그럼 헬멧은 아빠가 사줄게.

좋아요! 그럼 지금부터 열심히 저축해볼게요. 목표를 달성하면 정말 기분 좋을 것 같아요!

더 생각해보기

1. 저축을 하면 왜 돈이 더 많아질까요?

2. 최근 돈을 모아서 사고 싶거나 하고 싶은 것은 무엇인가요?

3. 사고 싶은 물건은 가격은 어느 정도인가요?

4. 그렇다면 한 달에 얼마를 저축해서 얼마 동안 용돈을 모아야 살수 있을까요?

5. 은행에 계좌를 개설한다면 어떤 종류의 통장을 만들어야 할까요?

6. 더 빨리 목표 금액을 모으려면 어떠한 노력을 더 기울여야 할까요?

4

경제를 구성하는 요소

가격의 비밀: 수요와 공급의 줄다리기

가격이란

 아빠, 물건 가격은 어떻게 결정되는 거예요?

 오, 좋은 질문이네! 조금 어려울 수 있지만, 아주 쉽게 설명해 줄게.

가격이란 우리가 물건이나 서비스를 살 때 지불해야 하는 돈의 가치를 말해. 예를 들어, 네가 좋아하는 아이스크림이 2,000원이면 그게 아이스크림 가격이고, 새로 나온 게임이 50,000원이면 그게 게임의 가격이야.

 아, 그러니까 내가 뭔가를 사고 싶을 때 얼마를 내야 하는지 그게 가격이군요!

 맞아, 바로 그거야.

수요의 증가와 감소

 가격이 어떻게 정해지는지 알려면 먼저 수요(사는 사람)와 공급(파는 사람)의 관계를 알아야 한단다.

수요는 시장에서 물건을 사려는 사람들(수요자)이 특정 물품을 일정한 시간 동안 얼마나 많이 구매하려고 하는지 그 의지와 행동을 말한단다.

반대로 공급은 물건을 만들어 파는 사람들(공급자)이 특정 물품을 일정 시간동안 얼마나 많이 생산하려고 하는지 의지와 행동을 말하지.

사는 사람들과 파는 사람들의 의지와 행동은 물품의 가격이 비쌀 때와 저렴할 때에 따라 다르게 나타나지.

특정 물품의 가격이 내려가 저렴해지면, 그 물건을 사려는 사람들(수요)은 늘어난단다. 이는 마치 아이스크림 할인점에 저렴한 아이스크림이 아이들에게 인기가 많아 많이 팔리는 것과 같단다.

가격의 비밀: 수요와 공급의 줄다리기

🧑 하지만 반대로 물품의 가격이 올라가서 비싸지면, 그 물건을 사려는 사람들(수요)는 줄어들게 된단다. 이는 마치 비싼 고급아이스크림을 아이들이 비싸서 사먹지 못하는 것과 같아.

 VS

🧑 이렇게 가격이 비싸거나 저렴함에 따라 그 수요량(사는 사람)이 늘어나거나 줄어드는 현상을 자연스럽게 관찰할 수 있단다.

👦 학교 끝나면 친구들과 동네 아이스크림 할인점에서 아이스크림을 사먹거든요. 이 아이스크림 할인점은 편의점보다 가격이 많이 저렴해서, 저희들이 자주 이용해요.

🧑 맞아! 아이스크림 할인점의 가격이 편의점 아이스크림 가격보다 저렴하기 때문에 우리 초등학교 친구들이 할인점에 몰리는 일은 매우 자연스러운 것이고, 이 아이스크림 가게가 친구들 사이에 소문이 나면 더 많은 친구들이 모여들게 되겠지.

공급의 증가와 감소

- 가격이 올라가면, 인기가 떨어져서 손님이 줄어 드니까 수요량도 줄어들 겠네요.

- 맞아. 하지만 시장 가격이 올라가면 공급자(제품을 만들어서 파는 기업/공장)는 돈을 벌기 위해서 더 많은 제품을 공장에서 만들어 내지. 그래서 시장에는 공급량이 늘어나는 것을 볼 수 있단다. 가격이 오르면 장사 이익이 많이 남기 때문에 많은 사람들이 공장을 짓고 물건을 만들기 시작한단다. 그러면 시장에는 비슷한 제품을 만들어서 판매하는 경쟁 기업들이 하나둘씩 늘어나기 시작해.

- 그럼 가격이 반대로 떨어지면 공급량도 줄어들겠네요?

- 맞아! 아이스크림 공장 사장님이 최소한으로 받아야 하는 가격이 있는데, 그 가격 이하로 가격이 계속해서 떨어지게 되면 공장 사장님은 아이스크림을 팔아도 이익이 남지 않기 때문에 공장에서는 더이상 아이스크림을 만들어 내지 않아. 그럼 아이스크림 공급량은 줄어들게 되지. 그리고 가격이 어느 정도 오를 때까지 공장에서는 이전과 같이 아이스크림을 많이 만들어 내지 않게 된단다.

- 그럼 가격에 따라서 수요도 늘었다가 줄어들고, 공급도 늘어나고 다시 줄고 그런 거군요.

- 맞아. 그렇게 가격이 오르락 내리락 하면서 시장에 맞는 가격이 스스로 자

리를 잡아간단다. 그럼 시장에서도 살 사람의 수량과 파는 사람의 수량이 현재의 가격에 맞춰 자연스럽게 변화해 나가지. 그에 따른 결과로 다시 수요와 공급 수량도 변화한단다. 이것이 바로 흔히들 이야기하는 시장가격이지.

와 신기하네요. 마치 보이지는 않지만 수요와 공급이 서로 줄다리기를 하고 있는 것 같아요.

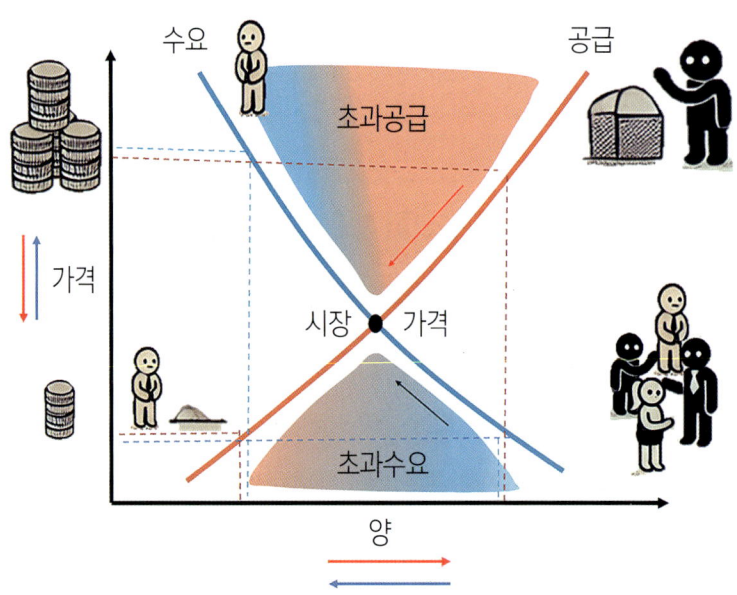

가격 탄력성

🧑 아빠, 가격 탄력성이라는 말을 들었는데, 무슨 뜻인가요?

👨 가격 탄력성은 물건의 가격이 변할 때, 사람들이 그 물건을 얼마나 많이 사거나, 생산자들이 얼마나 많이 만들거나 하는 변화를 뜻하는 거야. 쉽게 말하면, 가격이 바뀌면 수요와 공급이 얼마나 민감하게 변하는지를 보는 거지.

🧑 아, 그러니까 가격이 오르거나 내릴 때 사람들이 어떻게 반응하는지를 보는 거군요?

👨 맞아! 그런데 가격이 변할 때, 사람들의 반응이 커지기도 하고 작아지기도 한단다. 이것을 바로 '탄력성'이라고 하는 거야.

🧑 그럼 수요의 가격 탄력성은 뭐예요?

👨 수요의 가격 탄력성은 가격이 변할 때 사람들이 얼마나 더 많이 사거나 덜 사는지를 의미해. 쉬운 예를 하나 들어볼게.

만약 사탕 가격이 1,000원에서 2,000원으로 오른다면, 많은 사람들이 사탕을 덜 사먹게 될거야. 이처럼 가격이 오르면 사람들이 덜 사게 되는 물건을 '수요의 탄력성이 큰 물건이다.'라고 말하지. 반면 쌀처럼 꼭 필요한 물건은 가격이 올라가도 계속 사야 하니까 수요의 탄력성이 작은 물건이라고 해.

🧑 아, 그러니까 사탕은 가격이 오르면 사람들이 덜 사니까 수요의 탄력성이

가격의 비밀: 수요와 공급의 줄다리기

 VS

크고, 쌀은 가격이 올라도 계속 사야 하니까 탄력성이 작은 거군요!

 맞아. 수요의 탄력성이 적은 물건, 즉 가격이 변해도 사람들이 여전히 사야 하는 물건들은 우리가 삶을 살아가는 꼭 필요한 물건들이 많단다. 보통 생필품이라는 말을 쓰지.

생필품에는 어떤 것들이 있을까?

 약국에서 파는 약이 있죠. 병에 걸리거나 아프면 꼭 사야 하니까요.

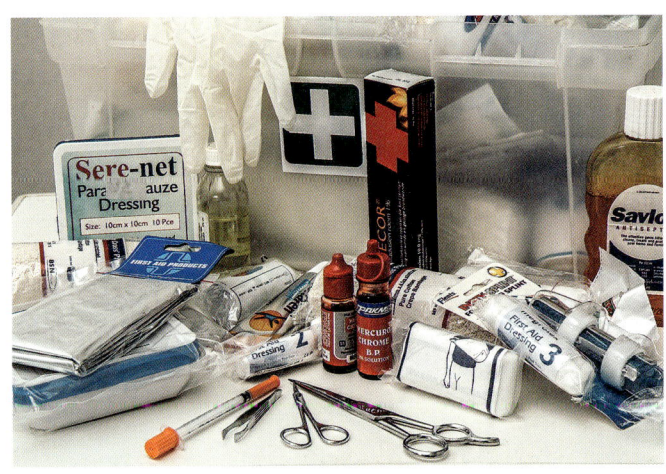

의약품은 수요 가격 탄력성이 대체로 낮다

🔲 그렇지, 맞아. 또 있을까?

🔶 쌀, 밀가루, 우유 같은 것들도 있을 것 같아요.

🔲 정답! 이처럼 기본적으로 살아가는 데 꼭 필요한 물건들은 가격이 올라가도 살 수밖에 없으니 가격 탄력성이 적은 물건이 맞겠네. 또 어떤 것이 있을까?

🔶 음. 더는 생각나지 않네요.

🔲 한 달에 한 번 전기요금, 가스요금, 수도요금을 내잖아. 이런 기본적인 공공 서비스도 가격이 올라가도 계속 사용해야 하는 생활에 꼭 필요한 것들이기 때문에 사람들의 소비가 크게 줄지 않는단다. 이런 것들도 수요 탄력성이 매우 적은 것들이라고 볼 수 있겠구나.

🔶 수요에 대한 탄력성을 이야기했으니 공급 탄력성도 있겠네요?

🔲 물론이지. 공급 탄력성을 가지는 물건에는 어떤 것들이 있을까?

🔶 옷이요.

🔲 맞아. 공급의 가격 탄력성은 가격이 변할 때, 생산자들이 얼마나 더 많이 만들거나 덜 만드는지를 나타내는 거야. 예를 들어볼게.

만약 옷 가격이 올라가면, 옷을 만드는 공장들은 더 많은 옷을 빨리 만들 수 있어. 이건 공급의 탄력성이 큰 경우야. 반대로 농작물 같은 경우는 모종을 심어서 출하하기까지 시간이 오래 걸리기 때문에 빠른 시간 안에 많이 만들 수 없지. 이런 건 공급의 탄력성이 작은 경우라고 할 수 있지.

의류제품은 공급 가격 탄력성이 대체로 높다

- 아하, 옷은 금방 더 만들 수 있으니까 가격이 오르면 더 많이 빨리 만들어 낼 수 있지만, 쌀은 시간이 오래 걸리니까 바로 많이 만들 수 없어서 탄력성이 작은 거군요.

- 그럼 공급 탄력성이 매우 높은 물품, 즉 가격이 변할 때 생산자들이 빠르게 생산량을 조정할 수 있는 물건들은 무엇들이 있을까?

- 가격이 오르면 빠르게 공장에서 만들어 낼 수 있는 물건이니깐…, 핸드폰 케이스. 그냥 플라스틱을 넣고 공장에서 찍어내면 되잖아요.

- 그렇지. 맞아. 또 뭐가 있을까?

- 과자도 있을 것 같아요. 포켓몬빵 같이 인기가 많은 빵은 그냥 공장에서 많이 만들어서 편의점에 공급하면 되잖아요?

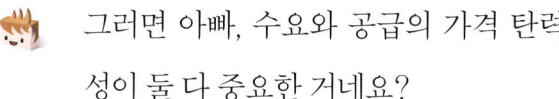 오. 훌륭한데!

맞아. 희망이가 말한 대로, 공급 탄력성이 높은 것들은 보통 대량생산이 가능한 제품들이 많지.

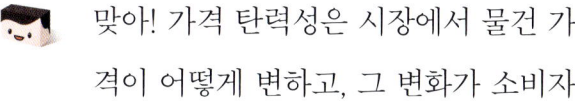 그러면 아빠, 수요와 공급의 가격 탄력성이 둘 다 중요한 거네요?

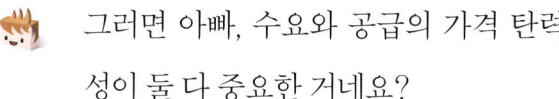 맞아! 가격 탄력성은 시장에서 물건 가격이 어떻게 변하고, 그 변화가 소비자와 생산자에게 어떤 영향을 미치는지를 이해하는 데 정말 중요한 개념이야. 수요와 공급의 탄력성을 잘 이해하면, 왜 어떤 물건은 가격이 오르거나 내릴 때 더 큰 변화를 보이는지, 또 어떤 물건은 그렇지 않은지 알 수 있어. 그래야 다양한 시장 가격의 변화 맞춰서 소비자들이나 생산자들도 적절한 방법으로 대처가 가능하단다.

출처: 제조사 홈페이지

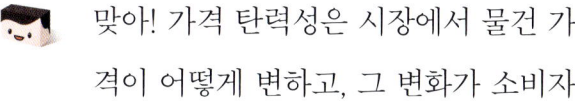 아빠 그럼, 명품 핸드백의 경우는 어때요?

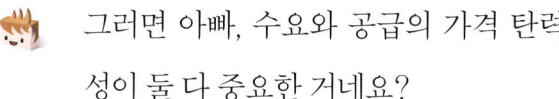 희망이는 어떨 것 같아? 명품백의 경우에 수요 탄력성이 높을 것 같아?

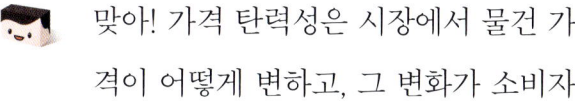 명품백은 생활에 꼭 필요한 물건은 아니니까, 가격이 오르면 사려는 사람들이 많이 줄어들것 같아요. 그러니까 제 대답은 탄력성이 '높다.'예요.

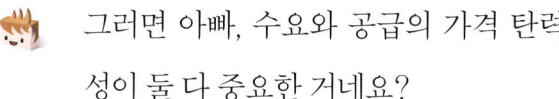 그럼 명품백의 공급 탄력성은 어떨까?

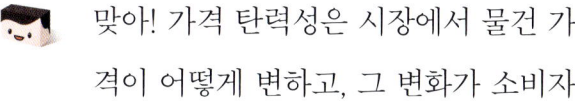 음. 쌀처럼 논에서 오랫동안 농사를 지어야 하는 것도 아니고, 공장에서 만들어 내는 것이니, 가격이 오르면 공급도 급하게 늘어날 것 같아요. 그

래서 제 대답은 탄력성이 '높다.'예요.

아빠는 희망이와 조금 다른 생각을 가지고 있단다.

명품 핸드백의 수요 탄력성은 희망이 생각과 반대로 낮을 것 같구나. 왜냐하면 가격이 올라가더라도 사람들이 여전히 구매하는 경향이 강하기 때문이지.

꼭 필요하지 않는 물건인데도 가격이 올라가도 계속 산다구요?

응. 명품 핸드백은 희망이 말처럼 생활에 필요한 필수품은 아니지만, 명품 브랜드 상품들을 좋아하는 소비자의 심리를 들여다 보면, 해당 제품 브랜드의 가치를 매우 높게 평가하고 또한 제품의 희소성(귀하고 적어서 더 소중한 것)이 매우 높기 때문에 구매에 상당한 매력을 지속해서 느낀단다. 그렇기 때문에 가격이 올라도 그 가치를 중요시 여기기 때문에 수요가

명품 핸드백의 수요 및 공급 가격 탄력성은 낮다.

크게 줄지는 않을거야. 그리고 명품 핸드백을 구매하는 사람들은 대체로 소득이 높은 편이지. 이들은 가격이 올라도 큰 부담을 느끼지 않기 때문에 지속적으로 더 비싸진 명품백을 지속해서 살 수 있어. 이런 현상을 베블런 효과(veblen effect)라고 한단다.

명품백 가격이 500만 원에서 550만 원으로 올랐다고 해도, 사람들이 여전히 그 브랜드를 좋아하고 매력적으로 느끼니까, 그리고 돈도 충분히 있으니까 가격이 올라도 계속 살 수 있는 것이군요. 그렇기 때문에 소비 가격 탄력성도 작은 거구요.

맞아. 그리고 명품 핸드백의 공급 탄력성도 작을 것 같은데.

왜요?

명품 핸드백은 숙련된 장인들이 손으로 소량으로 만드는 제품들이 많고, 재료도 고급 소재를 사용하기 때문에 쉽게 대량으로 재료를 준비하기도 어렵단다. 그래서 빵이나 과자처럼 공장에서 대량으로 생산하기가 어려운 경우가 많지. 그렇기 때문에 가격이 오른다고 해서 그 생산량을 쉽게 늘리기는 힘들단다. 그래서 가격이 올라가더라도 즉각적으로 생산량을 많이 늘리기 어려워서 공급 탄력성이 낮다고 볼 수 있지.

그럼 명품백은 소비 탄력성도 공급 탄력성도 모두 낮은 편이군요.

맞아. 명품 브랜드 제품은 그래서 가격이 변해도 수요나 공급에 큰 변화가 생기지 않는 특징을 가지고 있단다.

그럼 가끔 광고를 보면, 스페셜 에디션, 한정 수량 판매 이런 광고들을 볼 수 있는데 이것도 가격 탄력성과 관계가 있을까요?

와! 대단한 걸. 맞아. 이것은 명품 브랜드 기업 또는 고급 자동차 제조사에서 일부러 시장에 매우 적은 수량만 공급하겠다는 숨은 전략이 들어 있단다.

숨은 전략이요?

명품백이나 시계 그리고 한정판 자동차 같은 제품들은 소비 탄력성의 기준으로 본다면, 매우 적은 수량만 생산되서 판매되기 때문에 그 희소성(귀하고 적어서 더 소중한 것)이 매우 높단다. 사려는 제품이 귀하고 수량도 적으니 소중하게 여기게 되고 자연스럽게 가격이 올라가도 소비자들은 지갑을 쉽게 열게 된단다. 또 가격을 높게 책정해야 브랜드 가치가 있다고 생각을 하는 사람들도 많단다.

가격이 비쌀수록 더 높은 가치를 느낀다구요? 음, 그러면 수요가 줄어들지 않겠군요. 그럼 스페셜 에디션 제품의 공급 탄력성은 어때요?

스페셜 에디션 제품의 공급 탄력성도 매우 낮을 것 같구나. 일단 제품 기획 단계에서부터 생산량을 극히 제한하고 제품을 만들어 공급하기 때문에 시장에서 인기가 많아 수요가 급하게 늘어나더라도 바로 공급 수량을 늘릴 수가 없지. 그리고 스페셜 에디션 제품의 디자인의 경우는 상품 디자이너와의 계약도 특별하게 체결되어 있단다. 뿐만 아니라 스페셜 에디션 제품들은 특별한 재료들을 사용하여 만들기 때문에 재료를 급하게 구하기도 쉽지 않지. 자동차 같은 경우에는 특별 개발팀을 꾸려서 새로운 모델의 차를 연구하고 개발하기 때문에 이 또한 대량으로 만들어서 시장에 공급하기도 쉽지 않단다.

아. 그래서 스페셜 에디션 제품들은 그렇게 구하기도 어렵고 가격도 계속 올라만 가는 거였군요!

그렇지. 한 줄로 요약하자면 이렇게 말할 수 있을 것 같구나. 명품 브랜드는 희소성의 힘으로 가치를 더 키운다. 그렇기 때문에 명품브랜드 기업에서는 전략적인 생산과 희소성 유지를 통해 수요 탄력성 그리고 공급 탄력성의 균형을 지속적으로 최적화하기 위해 고민하고 노력하고 있단다.

그냥 잘 만들어서 비싸게 팔리는 것이 아니었네요. 재미있어요.

생산비용

가격을 결정하는 중요한 요소 중 한 가지가 더 있는데, 그것이 바로 생산하는 데 발생하는 비용이야. 물건을 만들 때 드는 비용이 높으면, 그 물건의 가격도 높아지지. 예를 들어, 아이스크림을 만드는 재료가 비싸지면, 아이스크림 가격도 오를 수 있어.

출처: 제조사 홈페이지

🧑 비싼 우유와 계란을 사용해서 만든 고급 아이스크림, 하겐다즈 같은 아이스크림이 그렇네요.

🧑 가격을 설명하기 위해서는 생산 비용을 빼고는 설명하기가 어렵단다.

앞에서 이야기한 명품백을 예로 들어서 생산 비용에 대해 더 이야기해보자. 명품백을 만드는 데는 다양한 고급 재료와 정교한 제작 공정이 필요하단다. 이 과정에서 생산 비용이 상당히 많이 올라가지. 명품 구두를 만든다고 했을 때, 장인이 만들어야 하기 때문에 명품 구두 장인에게 그만큼 많은 월급을 줘야 하고, 또한 명품 구두 장인은 최고급 가죽으로 구두를 만들기 때문에 기본 가죽 재료부터 시작해서 기타 재료들, 신발끈, 바닥고무, 그리고 금속 장식, 안감 그리고 마감실까지 모두 최고급 재료들만 사용한단다. 거기에다 사용하는 풀이나 접착제도 최고급 재료들만 사용하지. 거기에서 끝나지 않아. 만드는 과정에서 그리고 최종적으로 제품을 만들고 나서도 수차례 검사를 반복하여 품질을 최고의 상태로 유지하고 관리한단다. 이 부분에서도 품질 관리 비용이 생산 비용에 추가된단다.

🧑 와! 명품 브랜드가 그냥 가격만 비싼 것이 아니었군요.

경쟁

🧑 가격을 결정할 때 시장에서 경쟁도 고민해 봐야 하지 않나요?

맞아. 시장에 비슷한 물건을 파는 가게가 많으면, 서로 경쟁을 하게 되면서 자연스럽게 가격이 내려갈 수 있어. 예를 들어, 동네에 아이스크림 가게가 한 개만 있으면 그 가게 사장님은 너무 행복하겠지? 하지만 장사가 잘되면 동네에 가게는 하나 둘 이렇게 계속 많아지게 된단다. 아이스크림을 사먹는 사람의 수는 한정되어 있는데 아이스크림 가게가 너무 많아지면, 아이스크림 가게 사장들은 서로 손님을 더 끌어 모으기 위해서 아이스크림 가격을 점점 더 싸게 내리는 거야.

 그럼 경쟁에서 이기려면 어떻게 해야 해요?

 이 부분을 자세히 들어가면, 너무 이야기가 길어질 것 같은데 최대한 간단히 설명해볼게.

기업들은 시장에서 경쟁 우위(다른 사람들보다 더 잘하거나 더 나은 상태)를 차지하기 위해서 많은 노력들을 하고 있단다.

경쟁 우위를 위한 요소

- **차별성** : 경쟁 제품들과 다른 독특한 무엇을 찾아내고 내 제품에 매력을 느끼게 만들어요.
- **가성비** : 소비자가 지출하는 비용보다 더 많은 기능 그리고 더 많은 가치를 소유하게 해줘요.
- **편의성** : 경쟁 제품들과 비교해서 더 쉽고 편하게 사용할 수 있게 도와줘요.

경제의 주인공은 바로 너!

 아빠, 경제 활동은 누가 어떻게 하는 거예요?

 경제 주체는 개인, 기업, 정부 이렇게 3가지가 있는데, 각자가 하는 역할이 다르단다. 각자 어떤 역할을 하는지 쉽게 설명해 줄게. 가계(개인/가족), 기업(회사/공장) 그리고 정부 이렇게 크게 3개로 구분된단다.

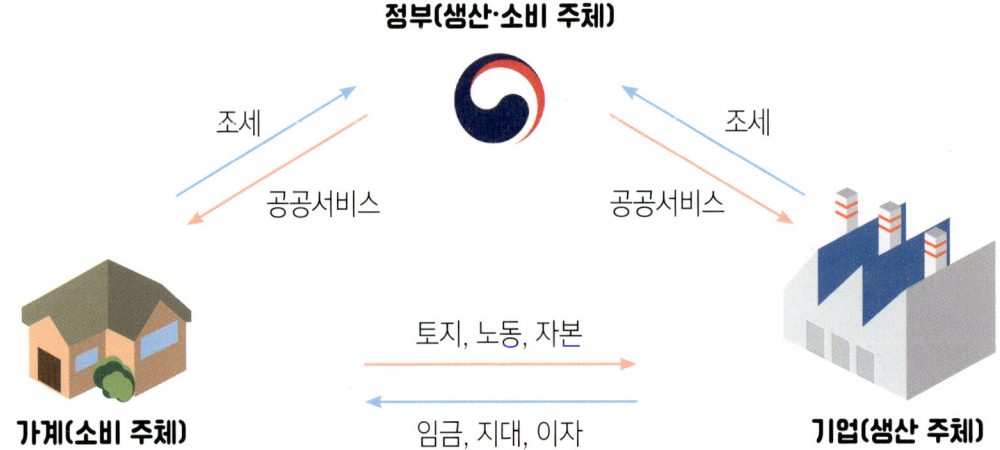

가계(개인과 가족)

가계는 우리가 속한 가족 같은 거야. 가계의 주요 역할은 소비와 저축이지. 가계는 돈을 주고 물건을 사고 서비스를 이용하면서 소비 활동을 한단다. 소비 활동은 우리가 식료품을 사거나 영화관에 가서 영화를 보는 등의 행동을 뜻해.

그리고 가계는 소득의 일부를 저축도 한단다. 예를 들어, 희망이가 용돈을 아껴서 저금통에 돈을 모아놓거나 모아놓은 저금통의 돈을 은행에 저축하는 것이지.

 아, 그러니까 우리가 돈으로 물건을 사는 것이 소비이고, 돈을 아끼고 모아서 은행에 맡기는 것이 저축이군요.

기업(회사와 공장)

 다음으로 기업에 대해 이야기해볼까? 기업은 물건을 만들거나 서비스를 제공하는 회사나 공장 같은 거란다.

기업은 상품과 서비스를 생산해서 시장에 내놓는단다. 예를 들어, 자동차 회사가 자동차를 만들거나, 식품 회사가 과자를 만드는 활동을 생산이라고 하지. 그리고 기업은 사람들을 고용(사람을 뽑아서 일을 하게 하는 것)해서 일을 하게 하지. 엄마 아빠가 회사에서 일하고 월급을 받는 게 바로 이 역할하고 관련이 있지.

 아, 그래서 엄마, 아빠가 회사에서 일하고 월급을 받는 거군요. 기업이 물건도 만들고, 사람들도 고용하는 역할을 하네요.

정부

 맞아! 마지막으로 정부에 대해 이야기해보자. 정부는 경제가 잘 돌아가도록 돕고, 국민을 위해 여러 가지 공공 서비스를 제공한단다.

정부는 규칙을 만들어서 나라의 경제가 잘 돌아가도록 전체적으로 시장을 살피고 관리를 한단다. 예를 들어, 환경 보호를 위해 공장을 규제(어떤 행동을 못하게 막는 것)하거나, 시장에서 공정한 경쟁이 이루어지도록 법을 만드는 거야.

또 정부는 학교를 세우거나, 도로를 건설하고, 경찰과 소방서 같은 공공 서비스를 제공해서 국민들의 삶이 좀더 안전하고 편해지도록 돕는 역할을 해.

그리고 사람들에게 세금을 걷어서 모인 세금으로 도로나 학교 같은 큰 공공시설을 만드는 데 사용하지.

맞아요. 세금을 걷어야 개인이 하기 힘든 일을 할 수 있겠네요.

맞아! 가계, 기업, 정부가 이렇게 각자 중요한 역할을 하고, 이들이 서로 잘 협력하면서 경제가 돌아가는 거야.

이제 알겠어요, 아빠! 가계, 기업, 정부가 다 같이 경제를 움직이는 중요한 역할을 하는 거였군요.

돈의 흐름

- **개인 → 정부** : 개인은 소득세와 같은 세금을 정부에 납부합니다.
- **정부 → 공공 서비스** : 정부는 이 세금을 사용하여 공공 서비스를 제공합니다.
- **공공 서비스 → 기업** : 정부가 공공 서비스에 투자한 돈은 기업이 공공 프로젝트를 통해 수익을 얻는 데 기여할 수 있습니다.
- **기업 → 개인** : 기업은 제품과 서비스를 판매하여 얻은 수익으로 직원에게 월급을 지급합니다.
- **개인 → 기업** : 개인은 기업이 제공하는 제품과 서비스를 구매하여 소비합니다.

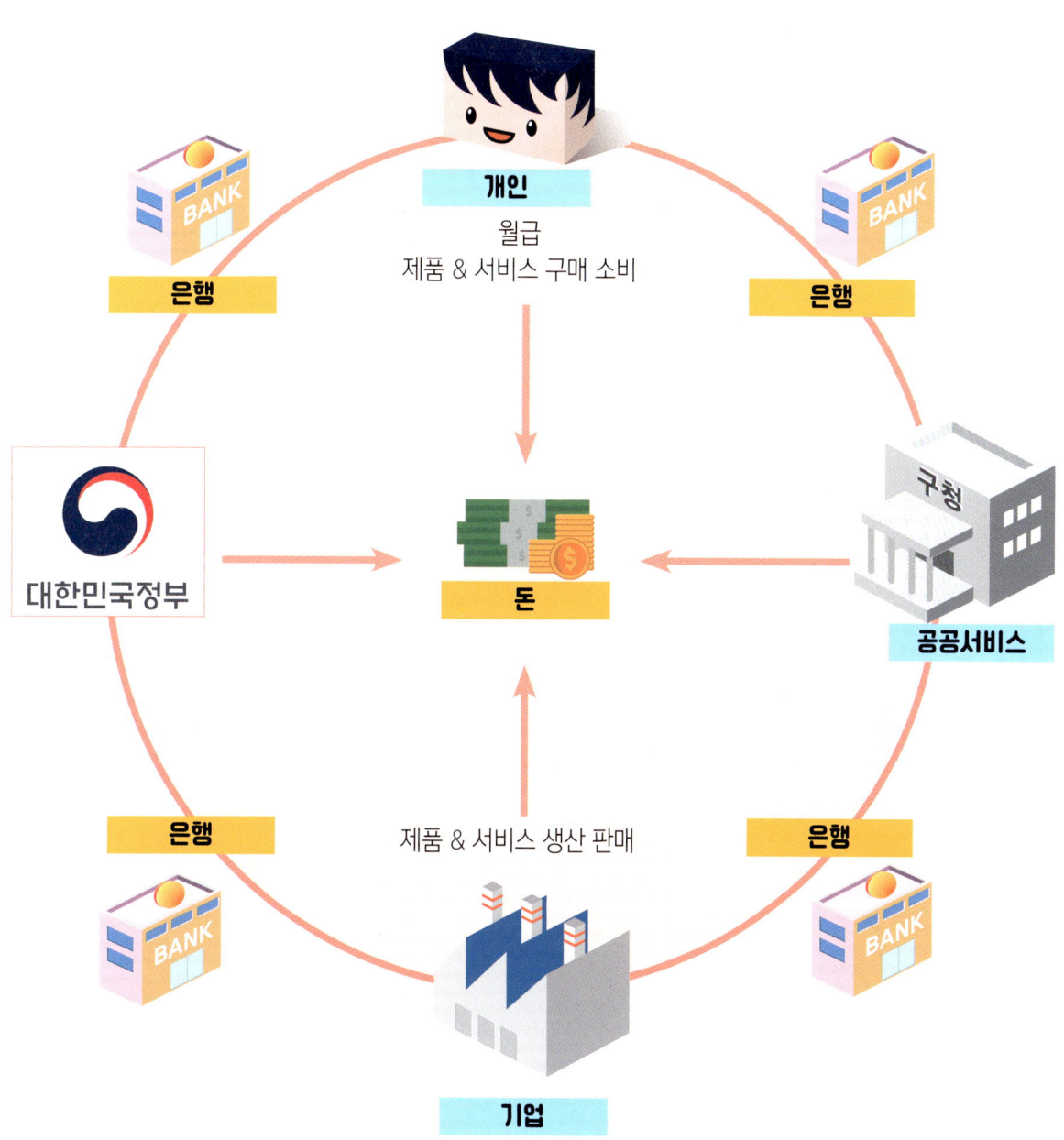

경제 속 숨겨진 마술 찾기

은행의 역할

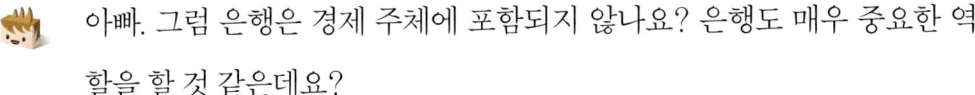 아빠. 그럼 은행은 경제 주체에 포함되지 않나요? 은행도 매우 중요한 역할을 할 것 같은데요?

맞아. 은행이 중요한 것은 우리가 잘 알고 있지. 하지만 은행 자체를 독립된 하나의 경제주체로 보지는 않는단다. 경제주체란 경제적인 수입과 지출 활동을 통해 특정한 목표를 달성하는 것을 말하는데, 은행은 가계, 기업, 정부를 지원하고 연결해 주는 역할만을 하고 있다고 봐야 해.

은행은 세 가지 경제 주체를 각각 연결하고 돕는 역할을 하지, 스스로 하나의 경제 주체로 독립적으로 경제활동을 하지 않기 때문에 경제 주체로 분류되지 않는 거야.

은행의 역할

- **은행 - 가계** : 사람들이 돈을 맡기거나 빌릴 수 있게 도와줘요.
- **은행 - 기업** : 기업이 돈을 빌려 사업을 확장할 수 있게 해줘요.
- **은행 - 정부** : 정부가 돈을 빌려 예산을 운영하거나, 세금을 관리할 수 있게 해줘요.

3가지 핵심 경제 주체 중에서도 은행은 정부와 밀접한 관계를 가지고 있단다.

정부와 은행의 밀접한 관계, 그게 뭐예요?

경제가 잘 돌아가려면 돈의 흐름(유동성)이 매우 시기적절하게 돌고 돌아야 하는데, 돈의 흐름을 좋게 하기 위해서는 정부가 돈의 양을 결정하고 은행에서 정부의 명령에 따라 이자율을 조정하면서 돈의 흐름을 적절히 조정한단다. 쉽게 설명하면 은행에서 이자율를 조정해서 시장에 돈을 넣고 빼는 작업을 반복하면서 돈의 양을 일정하게 조정하는 거야.

이자율을 조정해서 돈의 양을 조정한다고요?

시장에 돈이 많이 풀려 있으면 이자(기준금리)를 올려서 은행으로 돈이 들어오게 만든단다. 시장에 다시 돈이 풀리게 만들려면 이자를 내려서 사람들이 은행에 넣어 두었던 예금, 적금들을 기업에 투자하게 만들지. 이렇게 은행에서 이자율을 조정하면 기업들에게 투자금이 들어오기 때문에 기업은 힘을 내서 사업을 열심히 하게 돼. 이처럼 개인의 투자활동과 기업들의 사업활동을 통해서 시장 경기는 다시 살아나게 되는 거란다. 이런 활동은 은행 혼자서 결정하고 시행할 수 없지. 항상 정부와 중앙은행인 한국은행과 긴밀하게 협력해서 조정해 나간단다.

한국은행에서는 돈을 찍어내요

- 마치 공장에서 장난감을 찍어내는 것처럼, 한국은행에서는 필요한 돈을 만들어 낸단다. 하지만 너무 많이 찍어내면 돈의 가치가 떨어질 수 있어서 적절한 양을 맞추는 게 중요해.

- 기억나요. 한국은행에서 돈의 양을 정부와 결정하면 실제로 돈은 한국조폐공사에서 만드는 거잖아요?

- 맞아! 정확히 알고 있구나.

- 그러면 아빠, 한국은행은 언제 돈을 찍어내는 거죠?

- 주로 경제 문제를 해결하기 위해 정부가 한국은행과 같이 고민해서 최종적으로 기준금리(이자율)를 결정한단다.

경제 속 숨겨진 마술 찾기

🧒 문제요? 어떤 문제들이 있어요?

👨 나라 경기가 전체적으로 나빠지면, 돈을 더 많이 찍어내서 사람들이 돈을 더 많이 쓰게 만들고 일부러 경제를 살리기 위해 소비를 유도하지. 시장에 돈이 많이 풀리면 경제에 활력이 붙어서 전체적으로 경기가 좋아진단다.

🧒 코로나 19 팬데믹 때는 어땠어요? 정부에서 국민과 자영업자에게 지원금을 주기도 했잖아요?

👨 맞아. 전염병이 돌거나 지진이나 전쟁과 같이 거대한 재난 상황이 발생할 경우에도 정부는 돈을 찍어내서 국민들에게 돈을 긴급하게 지급한단다. 이렇게 재난 상황이 발생하면 가계에서는 소비를 안 하게 되고, 기업은 장사를 못하게 된단다. 그러면 나라 전체 경제는 크게 타격을 받게 되거든. 그래서 정부가 돈을 많이 찍어내서 가정, 기업에 긴급하게 지원금을 주면서, 강제로 경제를 활성화시키는 거야. 그러한 노력을 통해서 다시 경제를 회복시키는 거지.

🧒 기억나요, 아빠. 그때 마스크 사라고 정부에서 지원금 줬잖아요.

👨 맞아. 정부의 긴급 재난지원금으로 가정에서는 백신도 맞고 약도 먹고 마스크도 사고 하지.

🧒 아. 그러면 백신을 만드는 기업도, 약국도, 마스크를 파는 가게도 돈을 벌 수 있겠네요.

👨 그렇게 이해하면 쉽겠구나. 맞아.

은행을 통해 돈이 불어나는 마법

- 아빠, 은행에 돈을 저금하잖아요. 그럼 그 돈은 어떻게 사용되는 거예요?

- 우리가 은행에 돈을 넣으면 은행은 그 돈을 안전하게 보관해 주지. 그런데 은행은 그 돈을 그냥 보관만 하지 않고, 다른 사람들에게 빌려주기도 해. 이것을 대출이라고 한단다.

- 아, 그러면 돈이 그냥 쌓여있는 게 아니라, 다른 데에 쓰이기도 하는 거군요. 대출해준 돈은 어떻게 쓰이나요?

- 어떤 사람이 집을 사기 위해 은행에서 돈을 빌리면(대출을 받으면), 우리가 은행에 넣은 돈은 은행의 대출 서비스를 통해 새롭게 시장에 나오게 된단다. 이 돈으로 그 사람은 집을 사거나 다른 물건을 살 수 있지.

- 그러면 그 돈이 다른 사람에게 가고, 또 그 사람이 은행에 예금을 하면, 은행은 또 그 돈을 다른 사람들에게 대출해 줄 수 있는 거네요?

- 그렇지. 잘 이해했네. 대출을 받은 사람은 그 돈을 필요한 곳에 우선 사용하고, 쓰고 남는 금액은 다시 은행에 예금할 수 있어. 그러면 은행은 다시 예금된 돈을 또 다른 사람들에게 대출해 줄 수 있게 된단다. 이렇게 해서 시장에 돈은 더 만들어지고, 더 많이 돌아다니게 되는 거야.

- 돌고 도는 게 아니라 늘어나기도 한다고요?

- 은행에서 돈이 점차적으로 늘어나는 것을 이해하려면, 우선 돈이 어떤 흐름을 통해서 움직이는지부터 살펴 보아야 한단다. 일반적으로 우리가 이

해하는 돈의 흐름은 아래 그림과 같아. 예를 들어 정부에서 한국은행(중앙은행)에 돈을 100만 원 찍어내라고 명령하면 한국은행에서는 돈을 100만 원 찍어내지.

그 돈 100만원은 시중은행(우리, 신한, 국민, 하나은행)에 전달되고, 시중은행에서는 공장 사장님에게 대출을 100만 원 해주고 약속된 기간에 이자를 포함한 원금 50만 원을 돌려 받지. 그럼 시중은행에는 50만 원이 생기게 되고 그 돈을 다시 영어학원 원장님에게 50만 원을 대출해 주는 거야. 그럼 처음 100만 원이 150만원으로 늘어난단다.

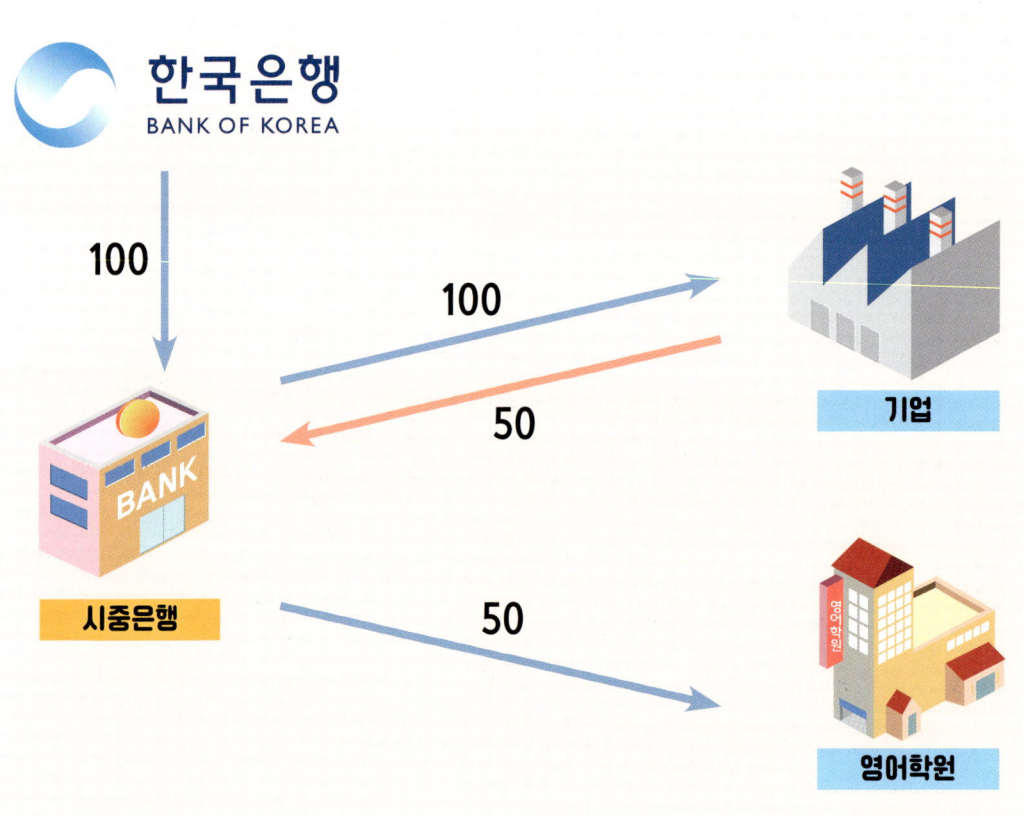

🧒 그림을 보면 너무나 당연한 이야기인 것 같은데요?

🧑 물론 은행에서 돈을 주고 받는 것은 이 그림처럼만 움직이지는 않는단다. 시중은행(우리은행)에서는 공장 사장님과 영어학원 원장님에게 돈을 빌려 주거나 빌려준 돈을 다시 돌려 받을 때 인쇄된 지폐나 동전만 사용하지는 않는단다. 그 뒤에 또 다른 비밀이 있지.

🧑 보통 은행은 사람들에게 대출할 때 가지고 있는 종이돈과 동전을 내주지는 않아. 더 많은 돈을 만들어 내지. 마치 마법사처럼 말이야.

🧒 없는 돈을 만들어내서 빌려 준다고요. 그게 가능해요?

🧑 가능하지. 자, 그러면 조폐공사에서 찍어내지도 않는 돈들이 어떻게 만들어지고 시중에 돌아다니는지 한번 들여다 볼까?

예를 들어 아빠가 일해서 100만 원의 월급을 받는다고 치자. 그 돈은 아빠 계좌에 숫자로 표시가 되어서 들어온단다. 그러면 은행에서 아빠 돈 100만 원을 정확히 보관하고 있어야 하는데, 은행들은 그 돈을 그냥 두지 않아.

🧒 그냥 안 두면 아빠 허락도 없이 은행에서 사용하나요?

🧑 그렇단다. 아빠한테 물어보지 않고 따로 허락을 받지 않아도 아빠돈 100만 원에서 90만 원은 공장 사장님이나 영어학원 원장님에게 빌려줄(대출) 수 있단다.

그럼 처음 아빠가 받은 월급은 분명히 100만 원이었는데 지금은 190만 원이 되어버렸지.

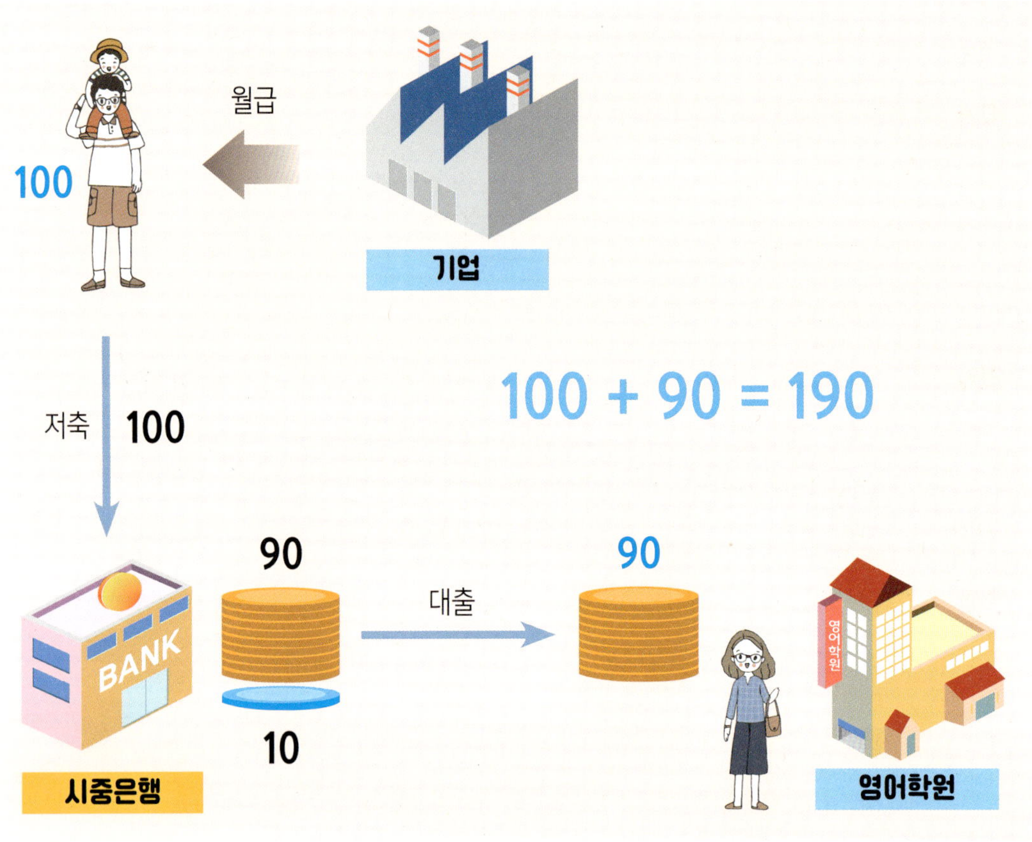

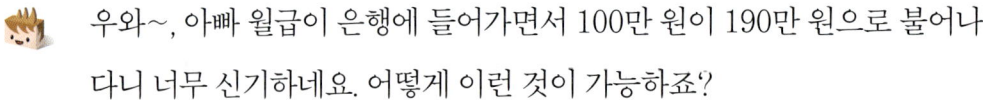

이것이 바로 은행이 마법사처럼 돈을 만들어 내는 방식이야.

우와~, 아빠 월급이 은행에 들어가면서 100만 원이 190만 원으로 불어나다니 너무 신기하네요. 어떻게 이런 것이 가능하죠?

그것은 정부와 은행이 서로 약속을 한 거야. 전체 돌려 줘야 하는 금액 중 10%만 은행 금고에 보관하고 있으면 나머지 90%는 다른 사람들에게 대출해 줘도 된다는 그런 보이지 않는 약속이야. 이 약속을 우리는 '부분지급준비율'이라고 부른단다.

돈의 창조(예금 창조)

- 그럼 아빠가 은행에 예금한 월급 100만 원을 한꺼번에 다 돌려 달라고 하면요? 아니 ATM기에서 100만 원을 한번에 다 인출해 버리면, 은행에 돈이 10만원 밖에 없으니깐 100만 원을 모두 찾을 수가 없잖아요?

- 그렇지 매우 훌륭한 질문이야. 은행에서는 그런 상황을 가장 두려워하는데, 뱅크런(Bankrun)이라고 부른단다.

- 뱅크런?

- 뱅크런이란 돈을 맡겨 놨던 사람들이 한날 한시에 찾아와 예금 100%를 모두 은행으로부터 찾아가는 현상이야. 은행은 전체 금액의 10%만 은행 금고에 보관하고 있기 때문에 전체 고객의 11%가 돈을 다 찾아가 버

경제 속 숨겨진 마술 찾기

리면 은행은 뱅크런, 즉 망하게 되는 것이지. 그것도 한순간에 말이야. 예전에 우리나라에서도 2012년 8월 16일에 부산저축은행이 파산(뱅크런: Bankrun)하는 일도 실제로 있었단다.

그렇다면 은행에서는 이렇게 부분지급준비율이라는 마법과도 같은 약속을 이용해서 돈을 한 번만 창조해 낼까?

아니! 그럼 두 번 세 번도 가능하다는 말씀이세요?

재밌게도 그렇단다. A은행이 다시 B은행에 100만 원을 빌려 줄 수 있고 B은행은 다시 C은행에게 그리고 C은행은 다시 D은행에게 돈을 빌려 줄 수 있지. 이렇게 10% 지급준비율을 만족한 은행은 계속해서 나머지 90%의 돈을 그 다음 은행으로 빌려주고 또 빌려주는 과정을 계속 반복할 수 있단다.

그럼 얼마나 돈을 은행의 마법으로 만들어 낼 수 있나요?

은행의 구조나 숫자를 고려해야 정확히 계산이 가능하겠지만 100억을 기준으로 했을 때 10배인 1,000억까지 은행의 마법으로 돈을 만들어 낼 수 있단다.

우와, 대단하네요.

하지만 여기에는 분명하게 보이지 않는 규칙이 있어, 이 약속은 은행에서 반드시 지켜야 한단다. 그것이 바로 "전체 금액의 10%는 반드시 은행 금고에 준비해 둔다."는 거야. 그래서 은행에서 다른 은행으로 넘어갈 때는 반드시 이 10%만큼의 돈을 금고에 보관해야 한단다.

이렇게 돈은 실제로 우리 눈에 보이지 않고, 단지 은행 컴퓨터 화면에 입력된 숫자로만 표시되고 존재한단다. 그리고 이렇게 창조된 새로운 돈(예금)은 계속 다른 은행과 기업 또는 개인의 계좌 통장에 다시 표기되고 확대 생산되지.

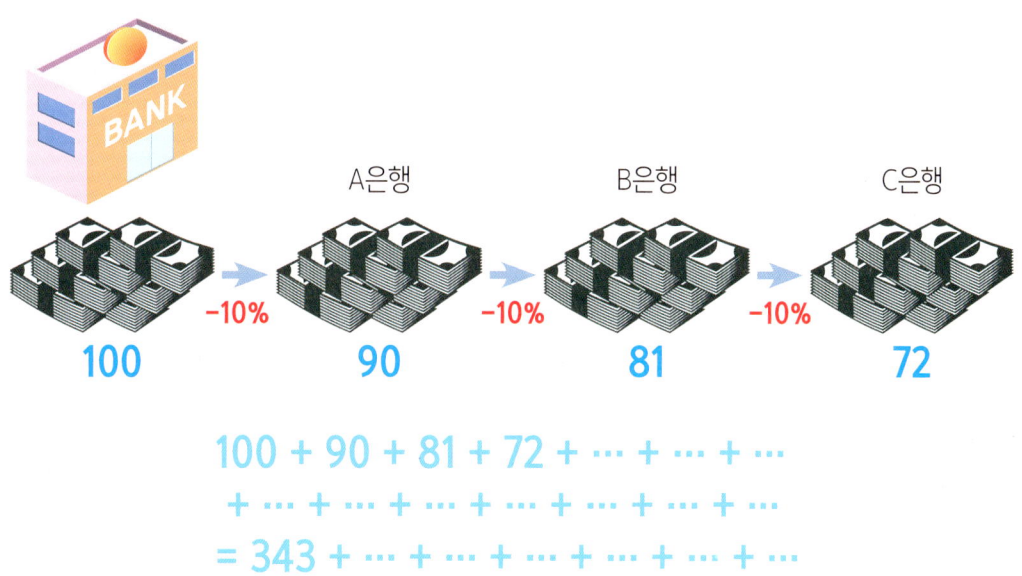

$$100 + 90 + 81 + 72 + \cdots + \cdots + \cdots$$
$$+ \cdots + \cdots + \cdots + \cdots + \cdots + \cdots + \cdots$$
$$= 343 + \cdots + \cdots + \cdots + \cdots + \cdots + \cdots$$

불어나는 돈과 물가 상승

다음 그래프를 보면, 시장에서 돌고 있는 돈의 양이 불어나는 것에 비례해서 우리나라 물가도 동일한 증가율로 상승하고 있는 것을 쉽게 확인할 수 있단다.

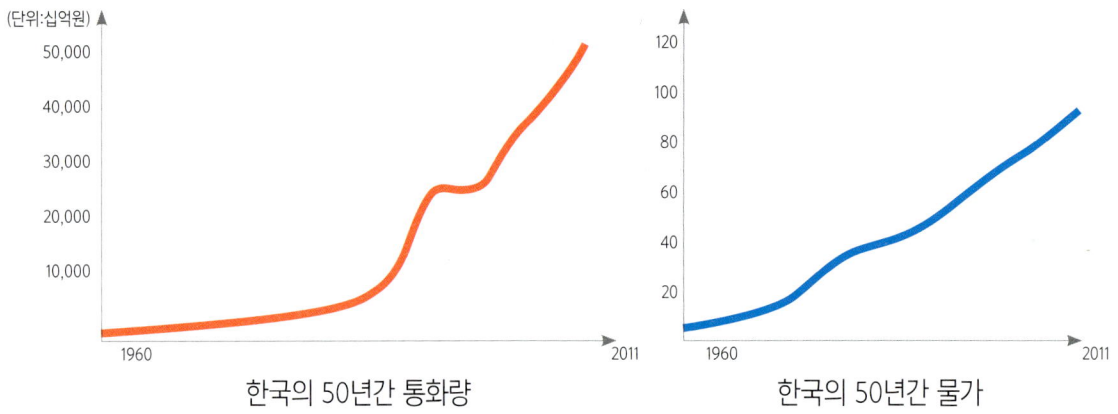

한국의 50년간 통화량 　　　　　한국의 50년간 물가

 아빠, 시장에 돈이 많아지는 것하고 물가가 동일하게 상승한다는 것이 잘 이해가 안 돼요. 쉽게 설명해 주세요.

 음. 어떤 예를 들면 쉽게 이해할 수 있을까? 이렇게 설명하면 되겠구나.

희망이 학교에서 선생님과 같은 반 친구들이 함께 칭찬 스티커 게임을 한다고 상상해 보자.

이 칭찬 스티커를 가지고 풍선 가게에 가면 풍선 한 개를 받을 수 있단다. 하지만 어느 날, 학교 선생님이 친구들에게 스티커를 많이 나눠 준거야. 그래서 친구는 꽤 많은 스티커를 가지게 되었지. 친구들은 이제 풍선으로 교환하려고 풍선가게로 향하겠지? 그런데 풍선 가게에는 소량의 풍선만 준비되어 있었어. 스티커를 들고 오는 친구들이 너무 많으니까 풍선 가게 사장님은 고민에 빠졌다가, 이렇게 결심했지.

"스티커가 많아져서 학생들이 풍선을 너무 많이 가져가네? 풍선을 하나 받아갈 때 필요한 스티커의 개수를 더 늘려야겠어!"

이제부터 풍선을 하나 받아가려면 친구들은 스티커 한 개가 아닌 3개의 스티커를 내야 했어. 다시 말해 스티커의 가치가 떨어져 버린거지. 똑 같은 풍선을 얻기 위해서 더 많은 수의 스티커가 필요하게 된 거야.

친구들은 이전과 비교하면 더 많은 스티커가 손에 가지고 있지만, 원하는 풍선을 얻으려면 이전보다 훨씬 더 많은 스티커가 필요해진 거지. 이게 바로 시중에 돈이 많아지면 돈의 가치가 떨어져 물건을 사기 어려워지는 현상, 즉 물가가 오르는 상황이야.

이전　　　　　　　　　　　　　　　　이후

 그러니까. 스티커 숫자가 많아지면, 그 가치는 떨어지고, 원하는 풍선을 얻기 위해 더 많은 수의 스티커가 필요하게 된다는 의미군요.

 그렇지. 이렇게 풍선 하나를 사기 위해서 많은 스티커가 필요한 것처럼

경제 속 숨겨진 마술 찾기　131

스티커가 시장에 많이 풀리면 자연스럽게 풍선 하나의 가격이 오르게 되는 거란다. 이런 현상을 보고 우리가 쉽게 "물가가 올랐네"라고 이야기 한단다.

 아, 완벽하게 이해했어요.

희망아, 우리가 좋아하는 짜장면 가격에 대한 이야기를 한번 해볼까?

짜장면 이야기요? 좋죠! 맛있겠다.

희망아, 아빠가 어렸을 때 짜장면 한그릇에 얼마였는지 알아?

지난주에 먹은 짜장면 가격이 7,000~8,000 정도였으니까. 음, 한 5,000원 정도요?

아니야, 아빠가 초등학교때 짜장면 한 그릇 가격이 500원이었단다. 믿기 어렵지?

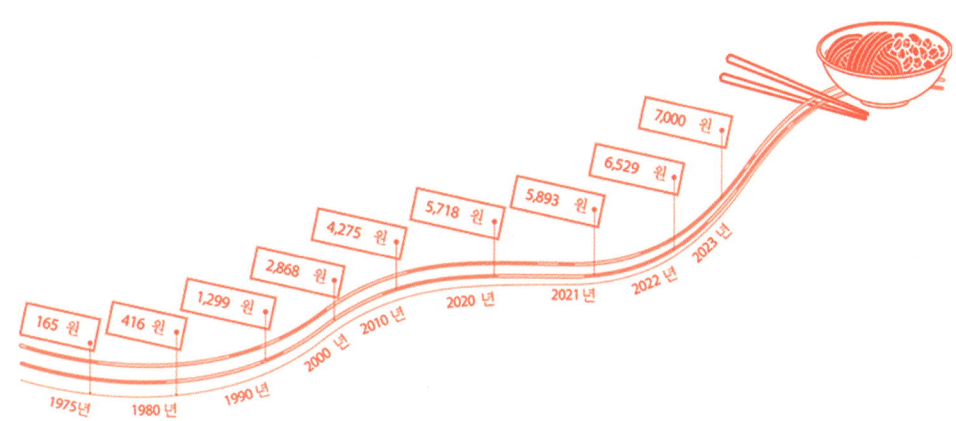

출처 : KOSIS 통계로 시간 여행

- 5,000원도 아니고 500원이요? 말도 안 돼! 그렇게 쌌나요? 짜장면이?

- 그렇단다. 이렇게 돈의 속성 중, 꼭! 알아야 하는 비밀은 물가가 이 짜장면 가격처럼 계속 오르고 있다는 거야. 좀더 쉽게 그래프로 보여 줄게. 가격이 해가 넘어갈수록 지속적으로 오르고 있다는 것은 쉽게 이해할 수 있을 거야.

- 우와~! 1975년도에는 165원 정도였군요?

- 정말 믿기 어렵겠지만 정말 그랬단다. 하지만 이런 물가상승 현상은 과거에 한 번 일어나는 일들이 아니야. 앞으로 희망이가 살아갈 미래에도 당연하게 다가올 그런 경제적 현상이라고 이해해야 해.

- 그렇다면. 2044년에는 짜장면이 50,000원 이상으로 비싸질까요?

- 뭐 정확한 금액은 현재 예측하기 어렵지만 지속해서 가격이 오르는 것은 확실할 것 같아.

와, 정말 신기하네요.

시장 가격은 수요(짜장면을 먹으려는 사람)와 공급(중국집 수)에 의해서 정해지는 것이 보통인데.

그럼 중국집이 계속 줄어들고 있나요? 아님 인구가 늘어나고 있나요?

아까 앞에서 설명했듯이, 시장에 돈이 많이 풀리면 자연스럽게 물가가 오르고, 물가가 오르면 우리가 좋아하는 짜장면 가격도 물가가 오르는 비율에 따라서 자연히 오르게 되지.

하이퍼 인플레이션

중앙은행에서 너무 많은 화폐를 발행하거나, 은행과 은행 사이에 돈이 너무 과하게 불어나면, 물가가 단기간에 급격히 오르는 현상이 발생하게 된단다. 그렇게 되면 2000년대 초반에 짐바브웨라는 아프리카 나라에서 경험한 하이퍼인플레이션이라는 최악의 상황을 맞이 하게 된단다.

하이퍼인플레이션?

하이퍼인플이션이 오면 결국 돈의 가치가 거의 없어지고, 사람들은 정말 작은 연필이나 지우개를 사기 위해서 정말 많은 큰 덩어리의 돈을 짊어지고 다녀야 한단다. 그렇게 되면 국가 경제가 크게 혼란스러지고, 최악의 상황까지 갈 수도 있기 때문에 신중에 신중을 기해야 한단다.

2015년에 짐바브웨에서는 중앙은행에서 돈을 마구 찍어내고, 시중 은행에서는 서로 돈을 빌려주는 과정을 반복하여, 돈은 점점 더 불어나게 되고 물가는 지속해서 급격하게 올라가게 되었단다. 물가가 이렇게 계속 오르면 돈의 가치는 상대적으로 땅바닥까지 떨어지게 되고, 나중에는 500원으로 먹던 짜장면을 5,000원을 내야 먹게 되고, 물가가 더 격하게 오르게 되면 5만 원 아니 50만 원 500만 원, 5,000만 원까지 내고 먹어야 하는 일도 발생할 수 있지.

짐바브웨의 하이퍼 인플레이션

 2015년 6월 12일, 이 당시 짐바브웨에서 미화 1달러를 사려면 3경 5,000조 짐바브웨달러가 필요했습니다. 속옷 한 장을 사기 위해 수레에 돈을 한가득 싣고 나와야 했답니다.

 달걀 3개를 사기 위해 100억 짐바브웨 달러가 필요한 국가적인 비극이 발생했는데, 이런 비극적인 현상을 하이퍼인플레이션이라고 부릅니다. 중앙은행에서 단기간에 과도하게 돈을 만들어내면 이렇게 물가가 치솟게 되어 경제 구조가 파괴될 위험이 있기 때문에 정부와 중앙은행은 매우 신중하게 돈을 찍어 내고 관리해 나가야 한답니다.

짐바브웨에서 실제로 발행한 화폐들

더 생각해보기

1. 물건의 가격은 어떻게 정해질까요?(주변에서 찾아볼 수 있는 예를 들어 이야기해 보세요.)

2. 인기와 가격의 관계에 대해서 이야기해 보세요. (예: 새로 나온 인기가 많은 장난감 가격)

3. 학생들의 방학과 물건의 가격은 어떠한 연관이 있을까요?

4. 가정에서 돈을 벌 수 있는 방법에는 어떠한 것들이 있을까요?

5. 정부에서 국민들에게 세금을 걷어서 주로 어디에 사용할까요?

6. 최근 피부로 느낄 만큼 가격이 많이 오른 물건이 있나요?

7. 물가가 지나치게 많이 오르면 어떠한 불편한 일들이 벌어질까요?

5

마이쥬 경제학(경기순환 4단계)

경기의 순환을 이해하자

 아빠, 뉴스를 보면 '경기 순환'이란 말을 많이 하는데, 그게 뭐예요?

 아, 경기 순환이란 경기가 계속 오르락 내리락하는 과정을 말하는 거야. 경기는 항상 일정하지 않고, 경기가 좋을 때도 있고, 힘들 때도 있거든. 경기가 좋다가도 나빠지기도 하고, 경기가 나쁘다가도 다시 좋아지기도 해.

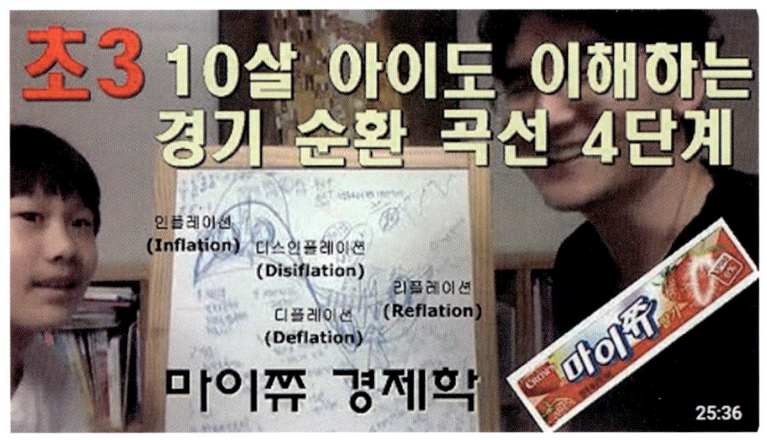

희망이와 아빠가 진행하는 유튜브 채널

경기의 순환 4단계

■ **확장기(호황/좋은 시기)** : 모든 것이 잘되고 사람들도 행복해요. 돈을 많이 쓰고, 많은 일자리가 생겨요.

■ **정점(가장 좋은 시기)** : 경제 상황이 최고조에 달해요. 거의 모든 사람들이 일을 하고, 물건도 많이 팔려요.

■ **수축기(후퇴기/힘든 시기)** : 경제가 나빠져요. 사람들이 돈을 덜 쓰고, 일자리가 줄어들어요. 어려운 상황이 계속돼요.

■ **저점(회복기/나아지는 시기)** : 경제가 다시 좋아지기 시작해요. 사람들이 조금씩 돈을 쓰고, 일자리가 다시 생겨요.

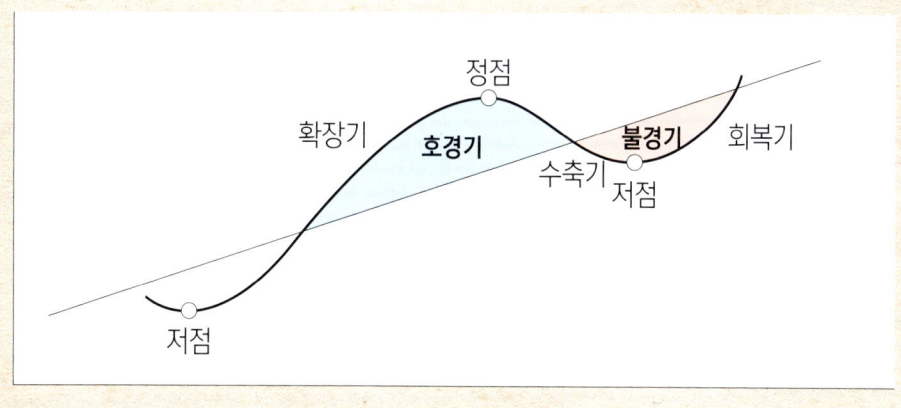

그래서 경기는 항상 위아래로 순환을 반복하는데, 이 변화를 크게 4단계로 나눠서 이야기한단다.

 4단계요? 어떤 단계들이 있죠?

🧑 좋아, 차근차근 하나씩 설명해 줄게. 먼저 첫 번째 단계는 확장기야.

경기가 웃을 때 : 확장기

🧑 확장기는 경기가 성장하고 있을 때를 말한단다. 사람들이 돈을 많이 벌고, 소비도 많이 하는 시기야. 회사들도 돈을 잘 벌어. 그래서 일자리도 많아지고, 모든 게 잘 돌아가는 시기야.

👦 아, 사람들이 돈을 많이 쓰니까 회사들도 잘 되고, 경기가 성장하는 거군요.

🧑 맞아. 이 시기에는 물건이 잘 팔리기 때문에 회사나 공장에서 물건을 빨리 많이 만들려고 하지. 그렇다 보니 사람도 더 뽑고, 장비도 더 사고, 투자도 많이 늘어나지.

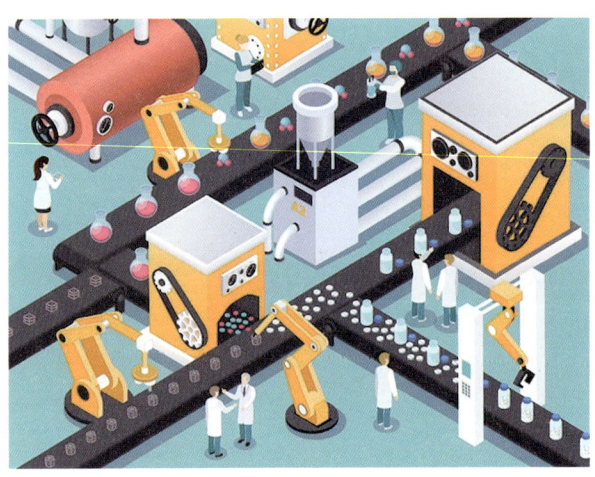

확장기에는 설비와 인력 투자가 늘어난다.

👦 그러면 용돈도 늘어나서 제가 좋아하는 마이쮸도 더 많이 사 먹을 수 있겠네요.

- 그렇지. 아빠가 일하고 있는 공장이나 회사가 돈을 많이 벌면 인센티브도 받고 그러면 희망이에게 용돈도 더 많이 줄 것이고.

- 그럼 그 늘어난 용돈으로 일주일에 한 번 사먹었던 마이쮸를 두 번, 세 번 사먹을 수 있겠네요.

- 그렇지, 맞아.

경기가 최고로 좋을 때 : 정점

- 그런데 경기가 그렇게 계속 올라만 가나요?

- 영원히 경기가 좋으면 얼마나 좋겠니? 하지만 세상은 그렇게 쉽게 흘러가지 않는단다. 확장기가 끝날 즈음 그 다음에 나타나는 경기 순환 그 두 번째는 정점이라고 한단다.

- 정점이요?

- 맞아 정점, 이때가 경기가 가장 좋은 상태야. 모든 게 최고로 좋을 때지. 아빠 월급도 오르고, 희망이 용돈도 오르고, 마트에서 물건도 잘 팔리고, 일자리도 많아지고, 기업들 투자도 늘어나고, 모든 상황이 좋은 상태를 정점이라고 한단다.

- 하지만 정점에 도달하면 이제부터는 경기가 더 좋아지기는 어렵고, 서서히 하락하기 시작한다고 생각해야 해.

- 최고에 올랐으니까 이제 내려가는 거군요.
- 맞아. 이제부터는 경기가 내려갈 것을 미리 예상하고, 이 단계에서는 슬슬 조심해야 돼.
- 무엇을 조심해야 하죠?

정점에 오른 경기는 하락하기 시작해요.

- 희망이가 좋아하는 마이쮸가 편의점에서 너무 많이 팔리니까. 마이쮸와 비슷한 제품을 만들 수 있는 경쟁사 공장에서는 뒤늦게 공장 설비에 무리하게 투자하고 직원들을 무리하게 고용하고, 마이쮸를 만드는 재료를 지나치게 많이 사두게 되지.
- 돈을 많이 벌 수 있으니까, 당연히 투자를 하려고 할 것 같아요.
- 이 시기에는 은행 이자도 매우 낮기 때문에 무리하게 대출을 받아서 사업을 확장하는 사람들이 많아진단다. 하지만 언제나 그렇듯이 정점이 지나면 경기는 점점 둔화되기 마련이지.
- 이런 시기에는 은행에서 대출을 너무 과하게 받으면 안되겠군요. 그럼 저축을 늘리면 되는 거 아닌가요?
- 그렇지. 미래를 확실히 예측하기는 어렵지만, 어느정도 경기가 정점에 올라왔다고 느낀다면 무리하는 것은 좋지 않아.

경기가 슬퍼할 때: 수축기

- 정점 다음 단계는 어떻게 되나요?

- 그 다음은 수축기야. 경기가 하락하기 시작하는 시기지. 사람들이 돈을 덜 쓰고, 회사들도 돈을 덜 벌게 돼. 그래서 일자리가 줄어들고, 경기가 점점 나빠져.

- 어떻게 점점 나빠져요? 우리한테는 어떠한 변화가 생기나요?

- 수축기가 시작되면 경기가 침체 상태로 들어가는데, 이때는 여러 가지 변화가 일어나. 몇 가지를 설명해 줄게.

- 첫 번째로는 실업률(일을 할 수 있는데도 일자리를 구하지 못하는 사람들의 비율)이 증가한단다. 경기가 나빠지기 시작하면 기업들이 수익이 줄어들고 돈이 없어지기 때문에 가장 빨리 현금을 확보할 수 있는 방법을 쓰게 되지. 즉 공장 직원의 수를 줄이거나 새로운 채용(기업에서 사름을 뽑는 일)을 전혀 하지 않게 돼. 그래서 일자리가 줄어들고, 많은 청년들이 대학을 졸업해도 기업에 취직하지 못하게 되는 거야.

- 사람들이 일자리가 줄어들면 어떤 일이 생기나요?

- 사람들이 일자리가 줄어들면, 아빠는 매우 힘들어진단다. 월급이 점점 깎이고, 희망이 용돈도 줄어들고, 마트에서 마이쮸 사먹는 아이들도 없어지고, 마이쮸가 안 팔리니 마이쮸 공장에서는 마이쮸 생산량을 줄이겠지. 그러면 당연히 판매량도 줄어들고, 회사는 이익이 감소하고 적자를 보게 되

면, 공장 규모도 축소되고 회사 크기도 점점 작아진단다. 그리고 현재 공장에 잘 다니고 있는 직원들도 내보내려고 고민하게 된단다. 공장에서는 더 이상 월급을 주기 힘든 상황이 되었으니까.

그로 인해 가계의 소비는 덩달아 현저하게 줄어들지. 그러면 사람들이 돈을 안 쓰게 되고, 필요한 것들만 사게 돼. 그래서 외식도 안 하게 되니까 식당 같은 곳의 매출이 줄어들고, 회사나 공장 뿐만 아니라 모든 가게들도 어려워져. 이런 식으로 전체적인 경기가 더 힘들어지고 나빠져 간단다. 이렇게 계속해서 악순환이 반복돼지.

 아, 그럼 기업들도 공장들도 어려워지고 식당이나 문구점도 커피집도 장사가 안 되는 거군요.

 맞아. 하지만 여기에서 멈추지 않는단다.

- 다른 변화가 또 있어요? 뭐가 있죠?

- 기업도 장사가 안되고, 직장인들도 월급이 많이 깎이게 되니, 자동차 구매도 망설이게 돼. 10년, 15년 된 자동차를 바꾸지 않고 그냥 수리하면서 타게 되지. 그러면 자동차 제조 기업도 힘들어지고, 그 기업에 부품을 공급하는 2,000개가 넘는 부품 자재 회사들도 덩달아 어려워진단다. 상황이 더 나빠지면 연료비도 아끼기 위해 지하철이나 버스 등 대중교통을 이용하거나 가까운 거리는 걸어 다니거나 자전거를 타고 다니지.

- 그러니까 수축기가 시작되면 경기가 전체적으로 안 좋은 상황으로 치닫게 되는군요. 우리 생활도 점점 어려워지고요. 상상만해도 너무 힘들어요, 아빠.

- 하지만 경기는 계속 순환하기 때문에, 결국 다시 회복된단다. 침체기만 너무 걱정하지 말고, 긍정적인 시각을 잃지 않아야 해.

다시 일어서야 해!: 저점

- 충분히 힘든 상상을 많이 했어요. 이제 다시 올라가나요?

- 아직 아니야. 마지막 단계는 저점이야. 이때는 경기가 가장 나쁜 상태에 도달해. 모든 게 최악으로 느껴지지. 하지만 좋은 소식은 저점이 지나면 다시 확장기로 돌아가면서 경기가 회복되기 시작한단다.

아빠, 저점에는 어떤 일들이 벌어지나요?

 저점에서는 경기가 아주 힘든 상황이 될 수 있어. 크게 세 가지 예를 들어 볼게.

첫 번째로는 대규모 실업이 일어나고 사회가 불안해져. 경기가 저점에 있을 때는 많은 기업들이 문을 닫게 된단다. 회사나 공장이 문을 닫게 되면 일하던 직원들도 모두 일을 그만 두어야 하겠지. 이로 인해 실업률은 급격히 올라가고, 많은 사람들이 일자리를 잃게 되어 안정적인 생활이 불가능하게 된단다. 이런 불안한 상황이 장기화되면 범죄율도 상승하게 되지. 그래서 사회적으로 많은 문제도 발생할 수 있어.

불황기에는 실업률이 급격하게 올라가요.

🧒 아, 그러니까 사람들이 일자리를 잃어서 사회가 불안해질 수 있는 거군요.

👨 맞아. 두 번째로는 기업 파산과 함께 금융위기가 오게 돼.

🧒 금융위기요?

👨 경기가 극도로 나빠지면 많은 기업들이 수익을 내지 못하고, 심지어 파산할 수도 있어. 기업이 파산하면 금융기관도 큰 타격을 입는단다.

🧒 은행이 왜 타격을 입어요?

👨 성장기 또는 정점에 가까웠을 때 많은 사람들이 무리하게 은행으로부터 대출을 받았지? 그 돈을 은행에 돌려줘야 하는데 기업은 이미 파산해서 그 돈을 갚을 수 없게 된단다. 그럼 돈이 공중으로 증발해 버리게 되고, 은행들도 덩달아 문을 닫거나 자금 부족으로 대출이 어려워지는 현상이 발생하지. 문을 닫는 은행이 많아지면 그 은행에 돈을 빌려줬던 다른 은행도 어려워지고, 이렇게 안좋은 상황이 계속 반복되면 은행들도 연이어서 파산하는 경우도 발생할 수 있어. 이런 상황이 심화되면 금융 시스템 전체가 위기에 처할 수 있단다.

🧒 그러니까 기업들이 파산하면 은행도 어려워지고, 금융시장이 전체적으로 불안해지는 거네요. 또 다른 어려움도 있나요?

👨 있지. 마지막으로는 부동산 시장의 대폭락 같은 상상하기 싫은 상황도 일어날 수 있단다. 경기가 저점에 도달하면 부동산 가격이 큰 폭으로 떨어질 수 있어. 사람들이 돈이 없어서 집을 새로 사거나 수리도 할 수 없게 되지. 그렇게 되면 이미 집을 소유하고 있는 사람들도 집을 팔기 시작해. 이렇게

경기의 순환을 이해하자

부동산 시장이 위축되면 건설경기도 악화된다.

상황이 어려워지면서 부동산 시장이 극도로 위축될 수 있단다.

- 부동산 가격이 떨어지면 어떠한 현상이 일어나죠?

- 부동산 경기와 건설업체는 상당히 연관이 깊거든. 그래서 건설업체들도 힘들어지고, 그 기업에 자재 및 서비스를 공급하는 수많은 작은 회사들도 같이 어려워지는 거야. 집을 사는 것도 어려워지고 파는 것도 어려워지는 상황이 발생하는 거지.

- 알겠어요. 저점에서는 정말 많은 문제가 생길 수 있겠군요. 이런 상황이 안 오면 좋겠어요.

- 그래서 정부나 기업에서는 이 문제를 미리 고민하고 해결하려고 여러 가지 방법들을 찾고 노력하고 있단다.

경기 침체를 막기 위한 노력

고마워요, 아빠! 이제 저점에 대해서는 아주 잘 이해할 수 있을 것 같아요.

그런데 경기 침체를 막기 위해 정부나 은행, 기업, 가정에서 어떤 노력을 할 수 있어요?

아주 좋은 질문이야. 경기 침체를 막기 위한 방법과 장기 침체에서 벗어나기 위한 노력은 각각 다른 방향으로 이루어져. 먼저 경기 침체를 막기 위한 방법부터 설명해줄게.

정부는 경기 침체를 막기 위해 공공 프로젝트에 투자하거나 세금을 줄이는 등의 조치를 취할 수 있어. 이렇게 하면 사람들이 돈을 더 쓰게 되고, 기업도 새로운 일자리를 만들 수 있지.

우선 세금을 낮춰서 기업들의 지출 부담을 줄이고, 기업에 돈을 지원해 주기 위해서 다양한 프로젝트를 만들어서 기업에 지원금을 지급한단다.

- 그럼 중앙은행에서는 무엇을 하나요?

- 한국은행은 정부와 함께 고민해서 금리를 조정한단다.

- 금리? 은행의 이자를 말하는 거죠?

- 맞아. 한국은행은 정부와 고민한 금리(이자율)를 낮춰서 기업들이 낮은 이자율로 쉽게 은행으로부터 대출을 받을 수 있게 만들어 준단다. 이렇게 하면 기업과 소비자들이 쉽게 돈을 빌려서 소비하고 투자도 할 수 있게 되지.

- 그렇군요. 그럼 경기 저점에서 벗어날 수 있나요?

- 장기적인 경기 침체 구간을 벗어나기 위해서는 다음과 같은 방법들 더 있 단다. 예를 들어, 일자리 창출을 위해서 정부에서 대형 프로젝트를 일부러 만들어 내는 거야. 대규모 공사를 시행하면서 노동 시장을 개선해 나가는

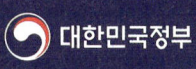

청년 창업 지원 강화

민간 주도형 청년창업사관학교 확대	• 투자 사업화 지원 역량 갖춘 민간운영사 중심 우수 청년 창업자 선발 교육 투자 유치 지원 '22년 1곳 시범 도입 ➡ '23년 2곳 추가
청년창업펀드 확대	• 모태펀드 출자 통해 청년창업펀드 추가 조성, 청년 창업가 집중 투자 '22년 500억원 출자/1,100억원 조성 ➡ '23년 330억원 출자/550억원 추가 조성(정부안 기준)
청년 창업기업 우대 보증지원 확대	• '26년까지 청년 창업기업에 2조원 신규 보증 • 우수 기업 '청년 테크스타보증' 지원 대상 확대 정부 추천기업 ➡ 민간 추천기업 추가

거지. 이런 식으로 정부에서도 가정의 안정적 경제 환경을 회복하기 위해 다양한 노력을 하고 있단다.

 그러면 은행은 어떠한 노력을 하나요?

 은행도 기업뿐만 아니라 개인들에게 낮은 이자의 금융 상품들을 공급한단다.

낮은 이자로 대출을 해주는 거군요?

맞아.

그럼 가정에서는 어떤 노력을 하나요?

가정에서는 시기가 어려운 만큼 지출을 신중하게 관리하고, 저축을 통해 재정적으로 안정된 상태를 유지할 수 있도록 노력해야 해. 이렇게 하면 경기가 회복될 때 더 빠르게 적응할 수 있단다. 개인적으로는 기술이나 능력을 개발하여 변화하는 경제 환경에 잘 대응할 수 있도록 하는 것도 중요하단다.

그럼 저점에서 기업은 회복을 위해 어떻게 노력하나요?

기업은 은행으로부터 낮은 이자율로 대출을 받아, 그 돈으로 공장이나 사무실의 장비나 가구들을 새로 사거나 업그레이드할 수 있단다. 이렇게 하면 사무실에서는 좀더 효율적으로 일을 할 수 있고, 공장에서는 생산량을 늘릴 수 있게 되지. 그리고 대출로 받은 돈의 일부분을 사용해서 새로운 제품을 개발할 수도 있단다. 새로운 제품을 시장에 내 놓기 위해서는 연구원들도 뽑아야 되고 신제품 개발 연구에 필요한 다양한 연구용 실험 기구나 장치들도 살 수 있단다.

저점이면 사려는 사람이 없으니 수요가 없고, 수요가 없으면 가격은 내려간다고 배웠죠. 그러면 공장에서 설탕이나 밀가루를 매우 저렴한 가격에 살 수도 있겠네요.

- 맞아! 아주 훌륭한 지적이야. 기업이 돈이 생기면 특히 공장 같은 경우에는, 준비된 돈을 가지고 이미 많이 가격이 떨어진 재료들을 매우 싼 가격에 사서 창고에 쌓아 놀 수도 있단다. 그러면 원료(재료) 가격이 내려가기 때문에 최종 판매 가격도 내려가지. 그러면 저렴한 가성비 좋은 제품이 마트에 진열되고, 지갑 사정이 어려운 가정에서 서서히 구매가 일어나게 되지.

- 이해했어요! 정부, 은행, 기업, 가정 모두가 각자의 역할을 하면서 저점에 머물러 있는 경기를 회복시키기 위해 노력하는군요.

- 맞아, 경제를 구성하는 모든 부분이 협력해서 경제를 회복시키고 안정시키는 게 중요해. 이렇게 다양한 노력이 모여서 경기가 다시 성장하게 되는 거야.

더 생각해보기

1. 확장기, 즉 경기가 좋을 때 우리가 좋아하는 아이스크림을 많이 사 먹을 수 있는 이유를 설명해 보세요.

   _____
   _____
   _____

2. 수축기에 돈을 덜 쓰게 된다는데, 돈을 아낄 수 있는 방법에는 어떠한 것들이 있을까요?

   _____
   _____
   _____

3. 저점에서 기업들이 은행에서 대출을 싸게 받아 새로운 제품을 개발한다고 했는데, 만약 우리 학교가 저점 구간에 있다면, 회복을 위해 어떤 활동을 할 수 있을까요?

   _____
   _____
   _____

4. 수축기 또는 저점 기간에 가정에서 돈을 아낄 수 있는 방법에는 어떤 것이 있을까요?

5. 수축기 또는 저점 기간에는 주위의 작은 상점들이 어려워진다는데, 우리가 도울 수 있는 일들이 있을까요?

6

투자의 종류와 방법

투자란 무엇인가?

 아빠, 투자라는게 뭔지 잘 모르겠어요. 설명해 줄 수 있어요?

 물론이지! 투자의 기본 개념을 씨앗을 심는 것과 비유해서 설명해볼게. 투자는 마치 씨앗을 심는 것과 비슷해. 씨앗을 땅에 심으면 시간이 지나면서 나무가 자라고 열매를 맺잖아. 그렇게 돈을 투자하면 시간이 지나면서 그 돈이 더 많아질 수 있는 거란다.

 그러니까 투자도 시간이 지나야 돈이 늘어난다는 거네요?

 맞아! 바로 그거야. 씨앗을 심고 나서 바로 나무가 자라지는 않잖아? 큰 나무가 되기까지 시

간이 필요하지. 투자의 경우도 나무와 마찬가지로 바로 많은 돈이 늘어나지는 않지만, 시간이 지나면 투자한 돈이 성장하고 더 많은 돈으로 불어나게 된단다.

투자에서 돈(투자금액)의 크기도 중요하지만, 용돈을 활용하여 저축하고 투자를 하려는 지금 우리에게는 돈의 크기보다 중요한 것이 바로 시간이란다.

네, 아빠. 지금은 적은 용돈이지만, 오랫동안 기다리면서 시간을 투자를 해 나간다면 더 큰 결과를 얻을 수 있겠죠?

맞아 바로 그거야.

투자의 위험과 보상

투자는 롤러코스터와 같아요. 투자에는 위험이 있어요. 재미있고 신나는 놀이기구는 높고 빠를수록 더 위험할 수 있죠. 투자를 하다 보면 돈을 잃을 수도 있다는 점도 기억해야 해요.

아빠, 투자하는 것은 쉬울까요?

투자는 쉽다고 보면 안돼. 투자의 속성에는 위험과 보상이라는 두 가지 속성이 동시에 적용되어 있단다.

🧒 위험과 보상이라니. 왜요?

👦 투자의 위험과 보상을 놀이기구에 비유해서 설명해볼게. 투자는 놀이기구인 롤러코스터와 비슷해.

🧒 롤러코스터와 비슷하다니요? 어떻게 그런 거에요?

👦 롤러코스터는 높고 빠르면서 재미있지만, 항상 신나지만은 않지? 갑자기 높은 곳에서 떨어지거나 급하게 돌 때 무서울 수도 있잖아. 투자가 이와 비슷해. 투자에는 재미와 보상이 있을 수 있지만, 동시에 위험도 따를 수 있단다. 시간을 투자해서 장기적으로 미국 주식에 투자한다고 해 보자. 우리가 투자한 기업의 주식이 계속 오르기만 하면 얼마나 좋겠니? 하지만 가끔 우리가 투자한 기업의 주식이 아래로 떨어질 때도 있단다.

🧒 그러니까 투자도 늘 좋은 것만은 아니라는 거네요. 높은 위험이 있을 수 있다는 거죠?

- 그렇지 투자를 할 때도 예상하지 못한 상황들로 인해 주가가 떨어져 투자한 금액의 손실(돈이 줄어드는 것)이 있을 수 있단다. 그리고 더 큰 위험은 문제있는 기업에 투자할 경우인데, 이런 경우에는 초기 투자한 원금 100% 모두를 잃을 수도 있단다.

- 와, 그렇군요? 그럼 보상에는 어떠한 것들이 있죠?

- 보상은 롤러코스터를 탄 후 느끼는 즐거움과 비슷해. 투자가 성공적으로 투자가 이루어지면, 기대했던 수익을 얻을 수 있단다. 특정 시간이 지나 오랫동안 우리가 투자한 기업이 발전하여 주식이 많이 오르게 되면 처음 투자했을 때의 주식 가격 대비 오른 비율만큼 수익을 얻을 수 있단다. 이는 마치 롤러코스터를 타고 나서 기분 좋게 내리는 것과 비슷할 것 같구나.

- 그래서 많은 사람들이 위험을 감수하면서까지 주식 투자를 하는 것이군요.

- 꼭 그렇게 해석을 할 필요는 없어. 우리가 집이나 땅을 사서 10년, 20년 동안 팔지 않고 그대로 두면, 시간이 지나면서 그 가치가 크게 오를 수 있어. 마찬가지로 미래에 성장할 가능성이 높은 기업에 우리 돈을 투자하면 그 회사가 커지면서 주식의 가치도 오르게 돼. 그렇게 되면 우리는 주식의 가치 상승만큼 보상을 받게 되는 거야.

- 그렇군요. 그렇다면 투자할 때 위험을 최대한 줄이고 싶은데 어떻게 해야 하나요?

- 좋은 질문이야! 위험을 줄이기 위해서는 가장 먼저 좋은 기업을 찾아야 하고, 그래도 더 리스크를 줄이려면 분산 투자를 하는 것이 좋지.

그럼 좋은 기업은 어떻게 찾아요?

 선택한 기업이 '10~20년 뒤에도 사업을 잘해 나갈 수 있을까?'와 같은 고민을 많이 해 보아야 한단다. 10~20년이 지나도 이 기업이 기술적으로 경쟁력이 있을지, 그리고 해당 상품이 미래에도 사람들에게 인기가 많아 계속 사용될 것인지? 이런 부분을 종합적으로 고민해서 좋은 기업을 선택하는 것이 가장 중요하단다. 그런 다음 투자하려는 대상 기업에 대해 정보를 수집하고 충분히 수집된 자료를 통해서 투자 기업을 최대한 이해하는 것이 중요해. 이것은 마치 롤러코스터를 타기 전에 안전바가 정확히 잘 작동하는지를 체크하는 것과 같단다.

 알겠어요 아빠.

투자의 종류

저축과 이자

우리 친구들의 용돈으로 할 수 있는 투자 방법에는 저축과 적금이 있어요. 저축은 돈을 은행에 맡기고, 필요할 때 꺼내 쓰는 거랍니다. 적금은 일정 기간 동안 매달 정해진 돈을 은행에 넣어두면, 나중에 이자라는 추가 돈을 더해서 우리에게 다시 돌려줘요. 이렇게 하면 용돈을 모아서 조금씩 돈을 늘려 나갈 수 있답니다.

부동산 투자

투자의 종류에는 부동산 투자라는 방법도 있어요. 부동산 투자에는 몇 가지 종류가 있는데, 집이나 땅을 사서 나중에 팔아서 시세 차익으로 이익을 보는 일반적인 방법도 있고, 건물이나 상가를 사서 매월 임대료(집을 빌려주고 대신 받는 돈)를 받아서 돈을 벌 수도 있어요.

하지만 우리 친구들의 적은 용돈으로는 부동산에 투자하기가 매우 어려워요. 왜냐하면 부동산은 보통 많은 돈이 필요하고, 집이나 땅을 사

려면 다양한 계약을 해야 하거든요. 그래서 용돈처럼 적은 돈으로는 부동산에 투자하기는 어려워요. 대신 적은 돈으로도 시작할 수 있는 주식 투자 같은 다른 방법이 더 적합할 것 같아요.

주식 투자

주식 투자는 어떤 회사의 일부분을 사는 거예요. 회사가 잘 되면 주식의 가치가 올라가서 돈을 벌 수 있고, 회사가 잘 안 되면 주식의 가치가 떨어져서 돈을 잃을 수 있어요.

예를 들어 한국 또는 미국의 기술 혁신 기업이 있어요. 우리가 그 회사의 주식을 사면, 그 회사가 시간이 지나면서 더 커지고 성공할 거예요. 그러면 우리가 투자한

돈도 함께 늘어나게 되요. 그래서 지금은 적지만 용돈을 모아서 그 회사에 투자해 놓으면 나중에 그 회사가 크게 성장하면 우리 돈도 그 성장한 몸집만큼 커져 있을 거예요.

나의 꿈에 투자하기 : 성장의 비밀

- 희망아, 세상에는 너무도 다양한 투자 방법이 있는데, 그 중에서 리스크(위험)가 하나도 없고 안전하고 가치와 효율이 매우 높은 투자 방법이 있는데 혹시 알고 있니?
- 아니 그런 투자 방법이 있다구요? 빨리 알려 주세요, 저는 그 투자 방법으로 투자하고 싶어요.
- 그래 그럼 한번 들어보렴.

  희망아, 너 워렌 버핏이라는 유명한 투지지기 들어봤니?
- 알죠! 주식 투자의 아이콘이잖아요! 전설적 투자가, 워렌 버핏.
- 그 분이 최근 한 말이 있는데 그 말속에 정답이 있단다. 한번 잘 찾아 보렴.
- 네, 너무 궁금해요. 빨리 알려 주세요.
- 버핏 할아버지가 한 어린 소녀 투자가가 물어본 질문에 이렇게 답했단다.

🧒 어린 소녀 투자가가 뭐라고 물어 봤나요?

👨 응. 가장 좋은 투자 방법을 하나 알려 달라고 했지. 그 소녀의 질문에 버핏 할아버지는 "나에게 투자하라."라고 말해 줬단다.

🧒 나에게 투자하라고요? 그게 무슨 뜻이예요?

👨 쉽게 말하면, 네가 정말 하고 싶은 일이나 배우고 싶은 것에 돈과 시간을 쓰라는 뜻이야. 예를 들어, 새 게임기를 사는 것도 좋지만, 그 돈을 모아서 코딩이나 디자인 같은 기술을 배우는 데 쓰는 거지. 그게 미래에 훨씬 큰 이익이 될 수 있으니까 말이야.

🧒 그럼 코딩을 배우면 나중에 더 많은 돈을 벌 수 있다는 건가요?

👨 맞아. 코딩을 배우면 나중에 멋진 프로그램이나 게임을 만들 수도 있고,

나의 꿈에 투자하기 : 성장의 비밀

그게 직업이 될 수도 있지. 그럼 게임기를 사는 것보다 훨씬 더 큰 가치를 얻게 되는 거야. 버핏 할아버지가 말하는 "나에게 투자하라."는 건 바로 이런 걸 의미한단다.

- 그럼 제가 성장할수록 더 좋은 기회를 잡을 수 있다는 거네요?

- 정확해! 네가 어떤 기술을 배우고 경험을 쌓는가에 따라, 미래에 선택할 수 있는 길이 훨씬 다양해지고 더 넓어지는 거야. 그게 바로 '내 꿈에 투자하기'라는 거지. 게임기도 물론 재미있겠지만, 자신에게 투자하면 나중에 더 큰 꿈을 이루고 더 멋진 삶을 살 수 있게 된단다.

- 아, 이제 좀 알 것 같아요. 그냥 돈을 쓰는 것보다 나중을 생각하고 내 미래에 성장할 수있는 부분을 찾아 나에게 집중해서 투자하라는 거지요?

- 맞아, 지금 네가 하는 작은 투자 활동들이 모여 나중에 아주 큰 성과로 돌아올 거야. 그러니까 네 꿈을 이루기 위해서 지금부터 조금씩 자신에게 투자해 보는 거야. 그게 가장 현명한 방법이란다. 참 그리고 리스크도 없어. 왜냐하면 모든 투자금은 너의 몸과 마음속 그리고 머리와 기억속에 그대로 남아 있을 것이니까 말이야.

더 생각해보기

1. 오늘부터 1년 동안 용돈을 모은다면 얼마나 모을 수 있을까요?

2. 엄마 아빠가 용돈을 2배로 늘려 준다면, 어디에 어떻게 투자하고 싶나요?

3. 20년 동안 정말 큰 돈을 모았어요. 어디에 사용하고 싶나요?

4. 엄마, 아빠 앞에서 '내꿈에 투자하기'라는 제목으로 투자 발표를 진행해 보아요(구체적인 내용을 적어 보세요).

5. 주식 투자의 장점과 단점에 대해서 이야기해 보아요.

6. 다양한 투자에서 찾아 볼 수 있는 위험(리스크)들은 어떠한 것들이 있을까요?

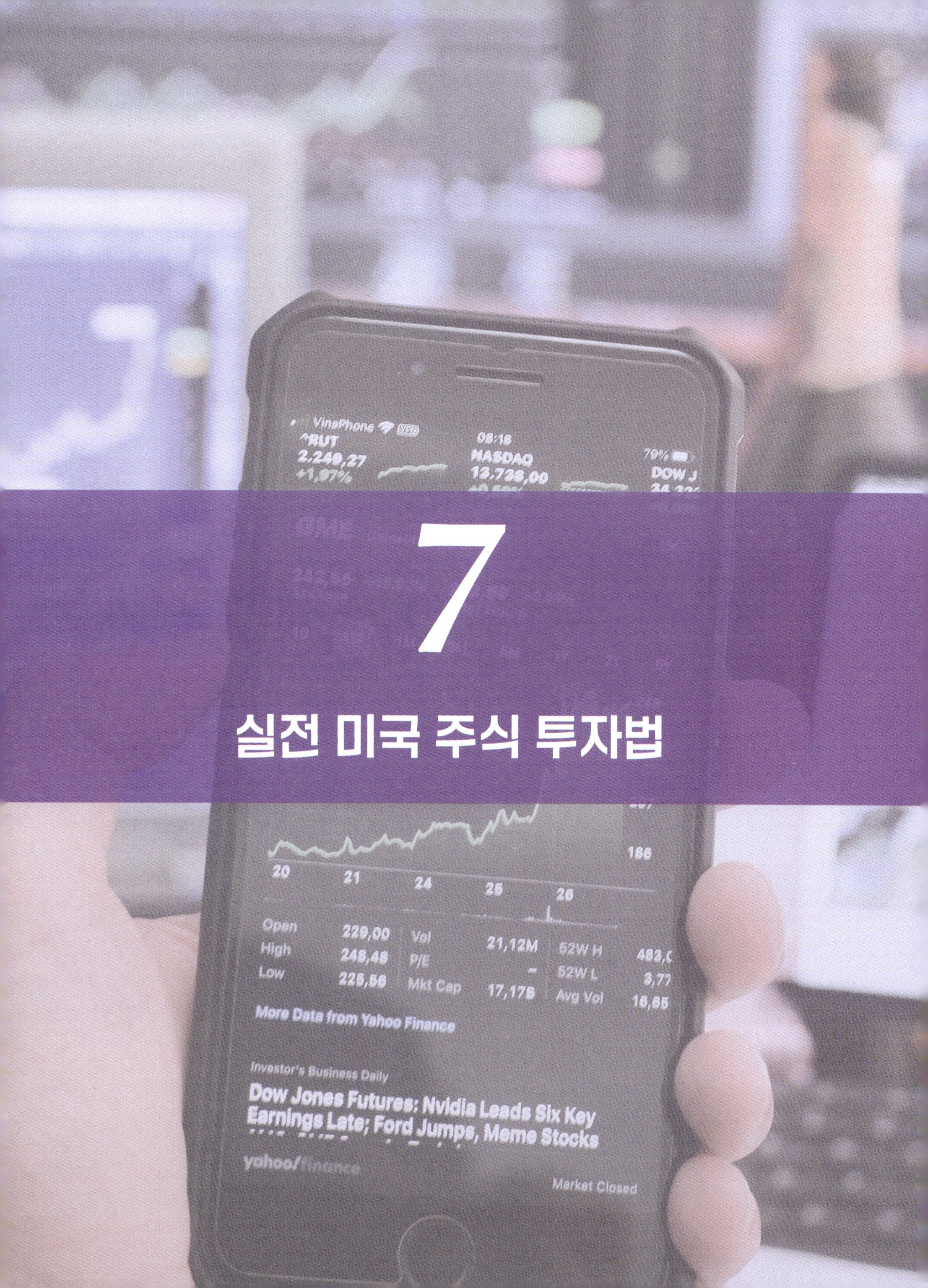
VinaPhone
^RUT
2.249,27
+1,97%
08:18
NASDAQ
13.738,00
79%
DOW J
Open 229,00
High 248,48
Low 225,56
Vol 21,12M
P/E -
Mkt Cap 17,17B
52W H
52W L
Avg Vol
More Data from Yahoo Finance
Investor's Business Daily
Dow Jones Futures: Nvidia Leads Six Key Earnings Late; Ford Jumps, Meme Stocks
yahoo/finance
Market Closed

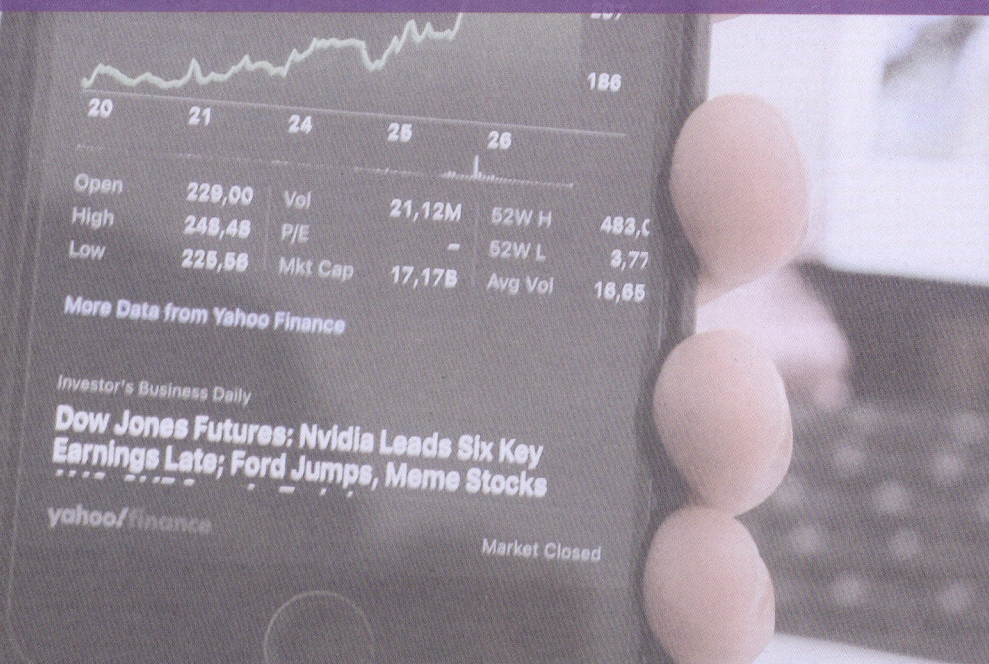

7

실전 미국 주식 투자법

왜 미국 주식에 투자하는가?

주식 투자는 특정 회사를 선택해 그 회사와 함께 성장하는 과정이라고 이해하면 쉬워요. 우리가 주식을 사는 것은 회사의 일부를 사는 것이기 때문이죠. 회사가 성장하면 주식의 가치도 올라가서 이익을 볼 수 있습니다. 반대로 회사가 어려워지면 주식의 가치가 떨어져 손해를 볼 수도 있습니다. 그래서 안정적으로 성장하는 주식을 선택하고 장기적으로 투자하는 것이 중요하답니다.

한국 주식 시장은 우리나라에서 운영되기 때문에 더 친근하게 느껴질 수 있어요. 하지만 한국 시장은 종종 큰 변동성을 겪는답니다. 변동성이란 주가가 크게 오르거나 내리는 것을 의미하는데요. 한국 시장은 수출 의존도가 높아 글로벌 경제 상황에 많은 영향을 받아요. 또한 북한과의 정치적 긴장도 큰 변동성을 초래할 수 있답니다. 북한에서 미사일을 발사하거나 군사적 긴장이 커질 때면, 주식 시장은 크게 흔들릴 수 있어요. 미국 달러 대비 한국 원화의 환율 변화나 외국인 투자자들이 갑자기 주식을 다량으로 매도하는 경우에도 주가가 급락할 수 있습니다. 이러한 상황이 되

코스닥 인덱스(출처 : 한국거래소 KRX)

면 많은 한국 기업들이 주가 회복을 위해 노력하지만, 위기는 주기적으로 찾아오기 때문에 지속적으로 성장하는 주식 곡선을 보기가 쉽지 않답니다.

반면, 미국 주식 시장은 세계에서 가장 큰 시장 중 하나로, 전 세계 투자자들이 주목하는 곳이에요. 그 중에서도 S&P 500 인덱스는 미국을 대표하는 500개의 대형 기

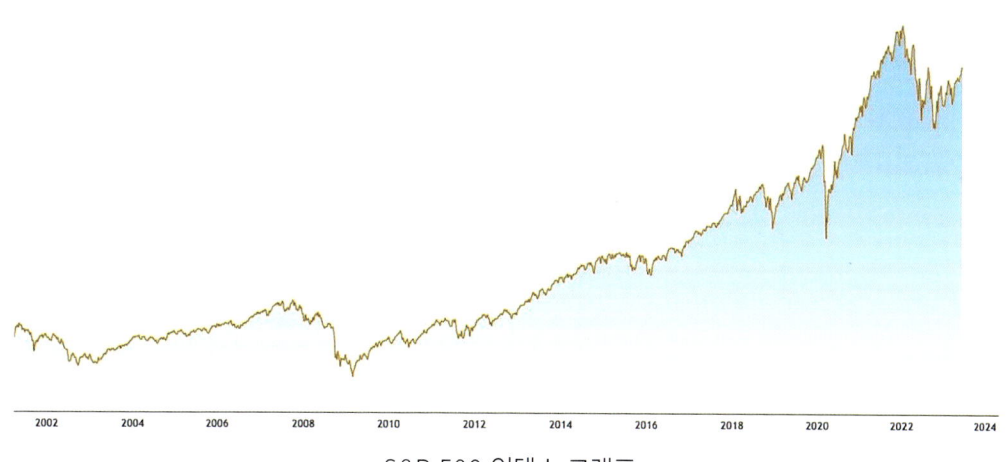

S&P 500 인덱스 그래프

왜 미국 주식에 투자하는가? 175

업들의 주가를 추적하는 지표로, 미국 경제 전체의 흐름을 보여주는 척도라고 할 수 있어요. 이 지수에는 애플, 마이크로소프트, 아마존, 테슬라, 엔비디아 등 우리가 잘 아는 세계적인 기업들이 포함되어 있답니다.

S&P 500 지수는 지난 50년 동안 여러 차례의 경제 위기에도 불구하고 지속적으로 성장해 왔어요. 그 이유는 미국 경제가 크고 견고하며, 우수한 기업들이 끊임없이 성장했기 때문이에요. 이 지수는 장기적으로 투자를 하면 안정적으로 돈이 불어날 가능성이 커서, 오랜 기간 동안 투자하고 기다리는 것이 좋은 전략이 될 수 있답니다. 우리 친구들도 어릴 때부터 조금씩 투자한다면, 나중에 어른이 되었을 때 훨씬 더 큰 이익을 볼 수 있을 거예요.

그래서 우리는 미국 주식에 투자하는 것이고, 그 중에서도 미래를 이끌어갈 혁신적인 기업들을 찾아 투자해야 한답니다.

내 손안의 주식 세상, 앱 설치부터

주식에 투자하기 위해서는 심사숙고해서 선택한 기업의 주식을 사고 팔 수 있어야 해요. 그렇기 위해서는 주식 투자 전용 앱을 내 핸드폰에 설치해야 한답니다. 여러 주식 증권사들이 있지만 오늘은 키움증권의 영웅문S 글로벌 앱으로 설명해 보겠습니다.

우선 키움증권 홈페이지를 방문해요.
상단 전체 메뉴 바로 왼쪽 **계좌개설**을 클릭합니다.

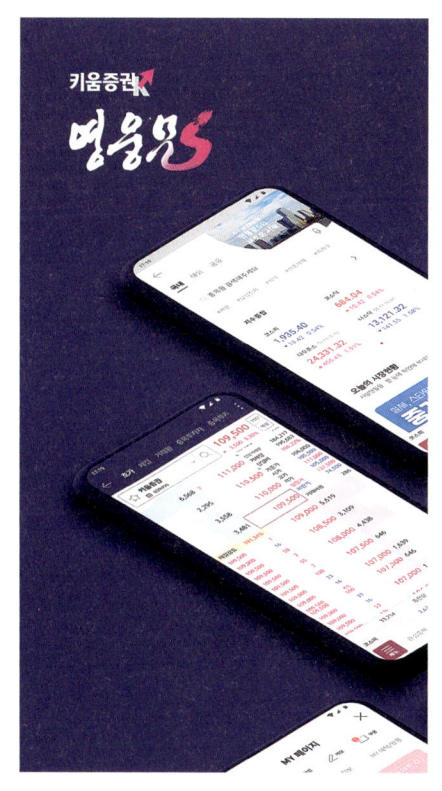

계좌개설 안내 페이지 가운데 **계좌 개설 URL 받기**에 전화번호를 입력하고 전송 버튼을 클릭해요.

핸드폰 문자로 전달 받은 링크를 클릭해요.

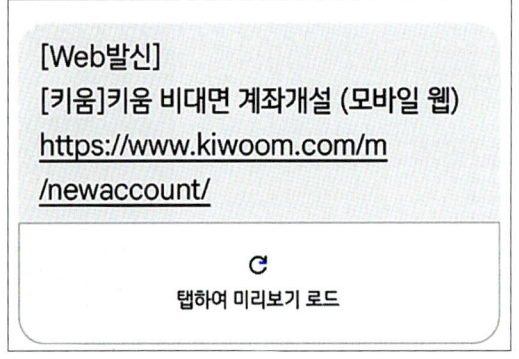

링크로 들어온 첫 페이지에서 하단 '**시작하기**' 버튼을 클릭해요.

계좌개설 페이지에서 '**종합계좌 개설하기**'를 클릭해요.

'**계좌개설하기**'를 클릭해요.

약관 및 개인정보 동의 페이지에서 '**전체확인**'을 클릭해요.

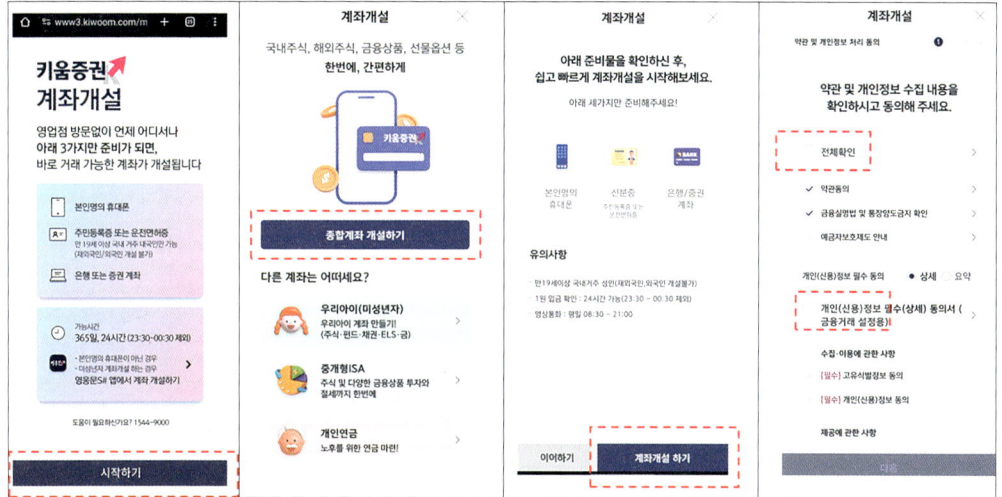

아래 준비물을 미리 준비해서

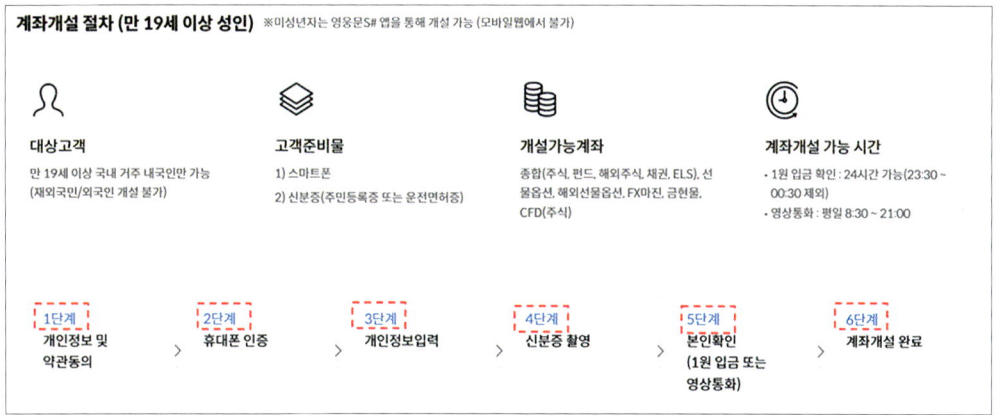

내 손안의 주식 세상, 앱 설치부터   179

1단계 **개인정보 및 약관동의**부터 6단계 **계좌개설완료**까지 단계별로 천천히 진행해요.

계좌를 개설한 후, 앱스토어(구글플레이 스토어 또는 앱스토어)에서 '영웅문S 글로벌' 앱을 설치해요. 국내 주식앱과 해외 주식 앱은 다르답니다.

글로벌 앱이 해외 전용 앱이랍니다(영웅문S는 국내 전용 앱이예요).

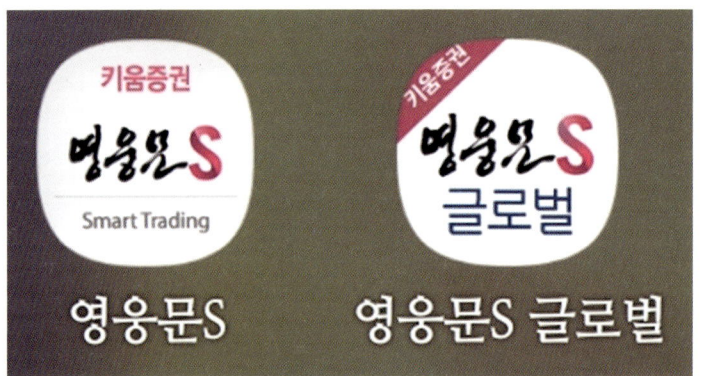

주식 앱 완전 정복

환전하기

시중은행(예 : 우리은행)에서 신규로 개설한 증권계좌로 투자할 금액을 이체(송금)해요.

미국 주식을 거래하기 위해서는 우선 돈을 한국 원화에서 미국 달러로 환전해야 해요.

전체메뉴에서 '**업무**' 클릭 → '**외화환전**' 클릭

외화환전 페이지에서

우선 계좌를 선택하고 비밀번호를 입력합니다.

원화(KRW) → 미국달러(USD)를 선택해요.

환전금액을 입력하고, 고시 환율도 확인해줍니다.

'환전실행' 클릭

환전처리가 완료되었어요.

적용환율 및 현재 예수금을 확인할 수 있어요.

주식 종목 검색하기

주식 주문 페이지의 검색창에서 관심종목을 검색해요.

검색창에서 매수할 주식 종목 및 기업 이름을 영문 또는 한글로 검색해요.

영문 이름으로 검색 : ionQ

한글 이름으로 검색 : 아이온큐

티커 심볼(ticker symbol)로 검색 : IONQ

검색된 주식 종목을 클릭

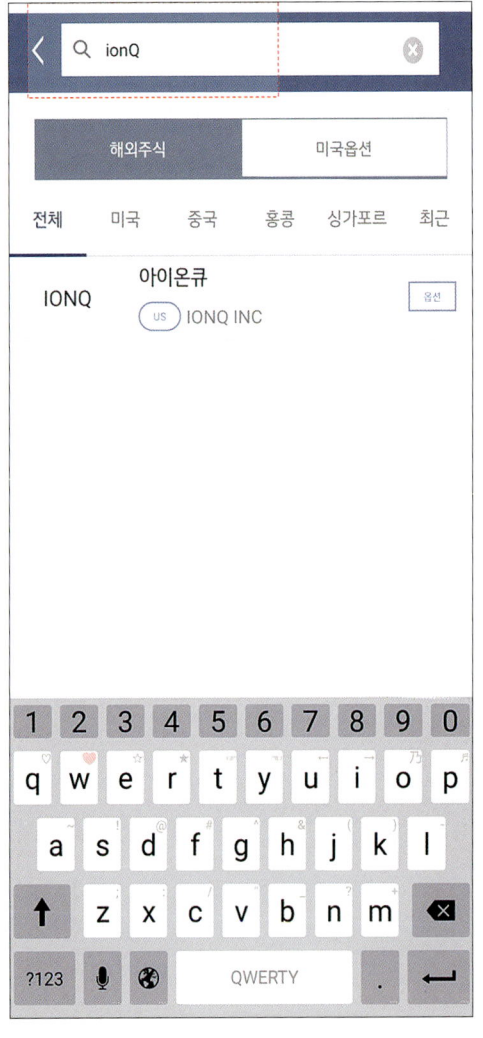 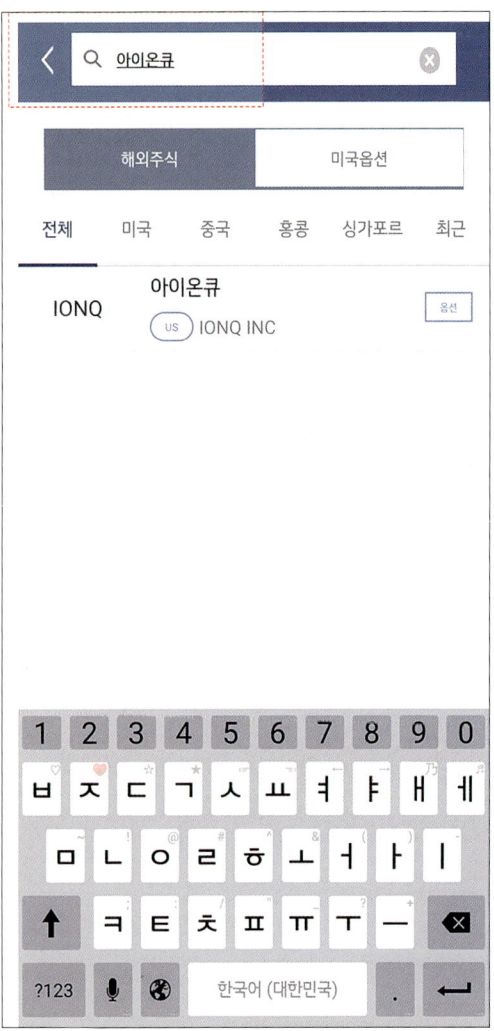

매수하기

주식 주문 페이지에서 매수 가격을 설정합니다.

수량을 입력하고

'매수 주문' 클릭

매수가 체결되면, 상단 상태창에 매수 체결 통보 메시지가 떠요.
해외주식 매수 주문 확인 창이 나오고 주문 상세 내역을 볼 수 있어요.
일별 주문 내역에서 언제든지 주문 내역 확인도 가능하답니다.

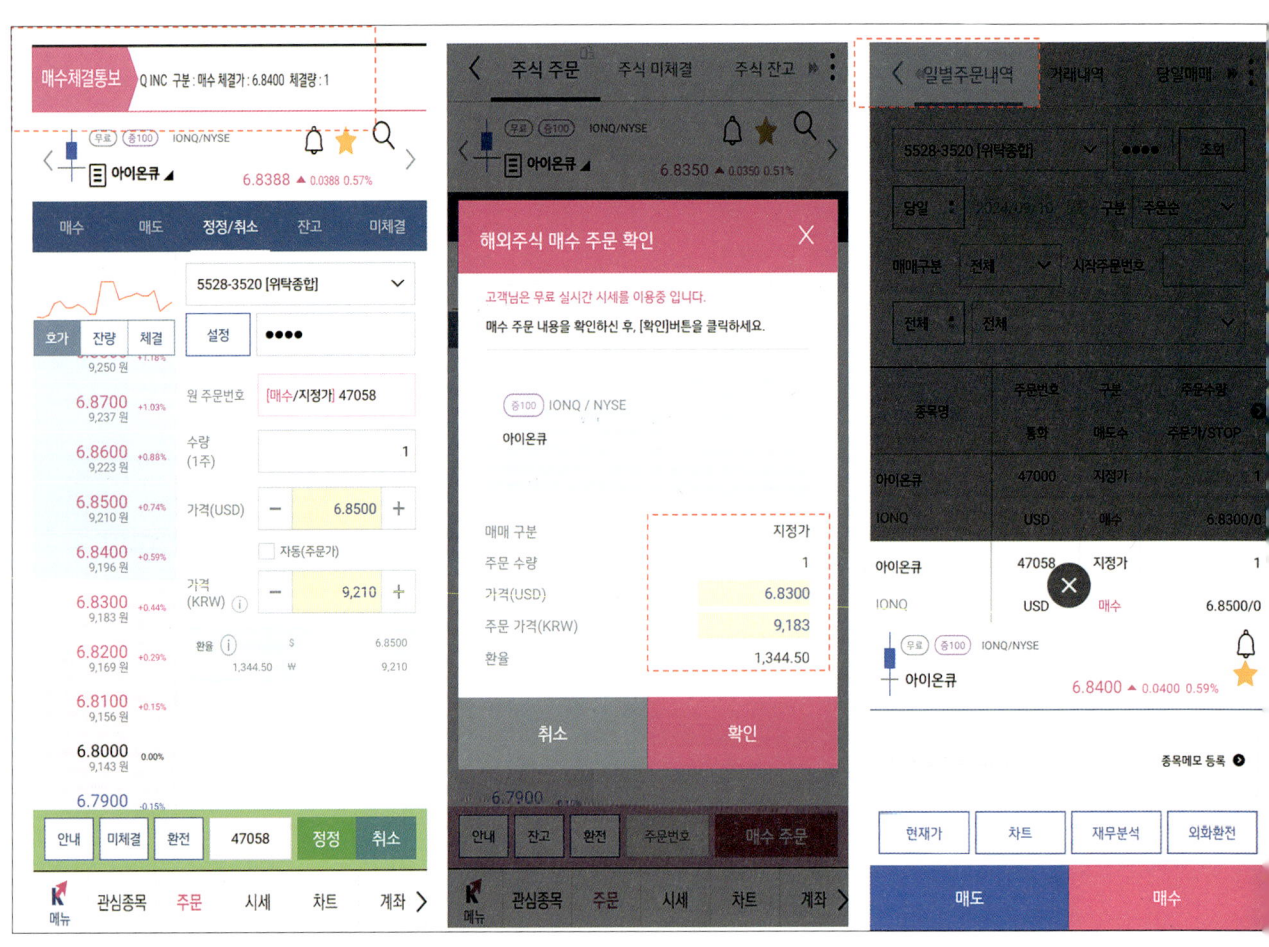

매도하기

매수와 동일한 방법으로 매도를 진행해요.

주식 리스트에서 매도할 종목을 선택하고 '**매도**' 클릭

매도할 수량을 입력해요.

매수 가격을 입력해요.

매도 주문 내용을 최종 체크하고 '**확인**' 클릭

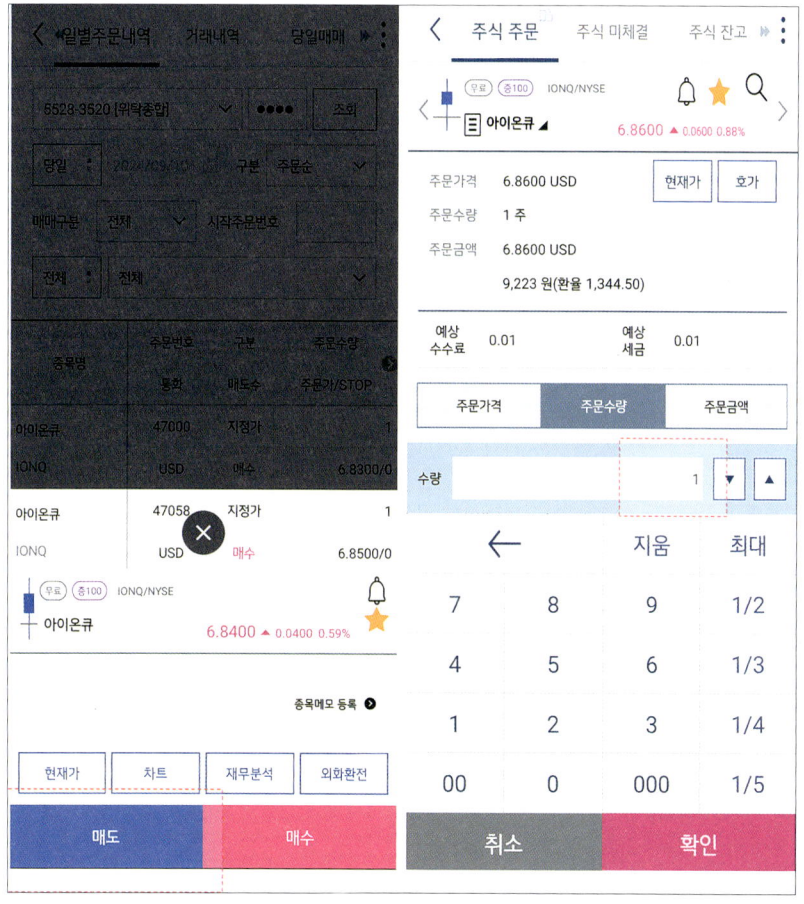

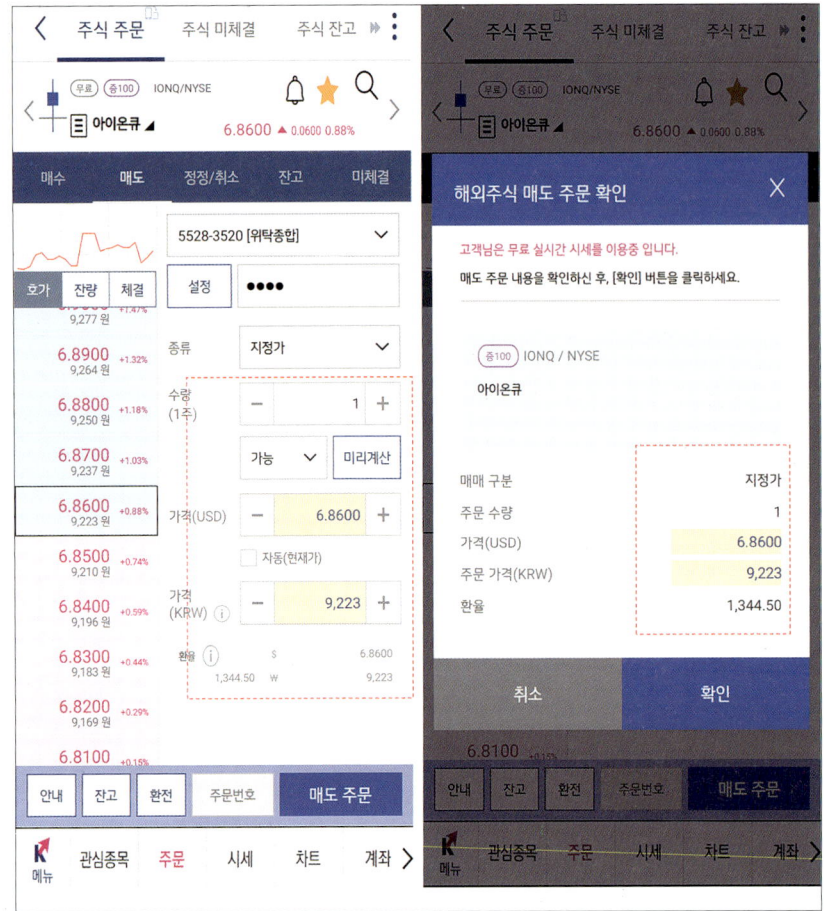

나만의 주식 찾기, 종목 검색

메뉴에서 다양한 조건으로 주식 종목을 검색할 수 있어요.

- 실시간 순위 검색
- 전일 대비 등락률 상위 순위 검색

- 업종별 종목 검색 (소프트웨어 및 IT 서비스)

매수 당일날, 나에게 맞는 주식을 찾는 방법에는 여러 가지 전략이 있어요.

◆ **실시간순위 검색** : 사람들이 많이 사고파는 주식을 바로 볼 수 있어요.

◆ **전일대비 등락률 검색** : 어제에 비해 많이 오르거나 내린 주식을 찾아줘요.

◆ **업종별 종목 검색** : 예를 들어, IT 회사들만 골라서 볼 수 있어요. 미래에 성장할 회사를 찾는 데 유용하답니다.

가족과 함께하는 주식 토론

저희 가족은 '희망이컴퍼니'라는 이름으로 미국 주식 투자를 운영하는 가족 회사를 자체적으로 운영하고 있답니다. 코로나 시기에 주식 시장이 크게 폭락하자, 그 기회를 살려 주식을 시작하기로 가족끼리 식당에서 회의를 했지요. 첫 투자금은 희망이의 용돈으로 시작했기 때문에, 희망이가 자연스럽게 희망이컴퍼니의 최대 주주가 되었어요.

처음에는 한국 주식에 대해서도 고민했지만, 한국 주식의 큰 변동성을 고려해 장기적인 투자가 가능한 미국 주식으로 방향을 정하게 되었답니다.

희망이컴퍼니에는 몇 가지 중요한 규칙이 있어요.

첫째, 아빠는 주기적으로 유망한 기업들을 공부하고 저녁 식사 후에 엄마와 희망이에게 브리핑을 해야 해요.

둘째, 희망이가 최대 주주이기 때문에 최종 결정권을 가지고 있으며, 주식 종목의

선정, 매수, 매도는 모두 최대 주주의 허락을 받아야만 진행된답니다.

셋째, 주식 운영은 엄마의 키움증권 영운문S 글로벌 계좌를 통해 진행되는데, 이는 희망이가 주식을 자주 확인하느라 공부나 다른 중요한 활동에 방해받지 않도록 하기 위해서지요.

저희 가족은 일주일에 적게는 하루, 많게는 4~5일 저녁 식사 후에 유망한 주식에 대한 기업 개요와 투자 방향을 두고 열띤 토론을 합니다. 가끔은 어려운 경제 용어나 기술적인 내용 때문에 토론이 막힐 때도 있는데, 그럴 때면 아빠와 엄마가 모든 방법을 동원해 희망이가 이해할 수 있도록 도와줘야 합니다. 희망이가 기업을 100% 이해하지 못하면 절대 투자 결정을 내리지 않기 때문입니다. 그래서 희망이의 이해는 희망이컴퍼니에서 필수적입니다.

이러한 과정을 통해 저희 희망이컴퍼니는 테슬라, 엔비디아 주식을 비롯해 제4차 산업혁명에 큰 기여를 하고 있는 여러 미국 기업들에 투자하며, 투자 영역을 확장해 나가고 있습니다.

아직도 그때가 생생해요. 희망이에게 비트코인을 설명하기 위해 돈의 역사를 1시간 반 넘게 설명했고, 블록체인 기술을 이해시키기 위해 또 다른 1시간 반을 들여 가상화폐의 개념을 설명했었죠. 그 덕분에 희망이가 가상화폐를 이해하게 되었고, 비로소 핀테크 관련 종목을 고민할 수 있는 투자 환경이 만들어졌답니다.

이렇게 우리 가족은 S&P 500 지수의 500개 기업과 나스닥 100개 기업에 대해 하나씩 알아가며, 앞으로 어떤 기업이 더 큰 투자 가치를 지닐지에 대해 심도 있게 고민하는 능력을 키워가고 있답니다.

※ 미성년자의 경우 10년 동안 2천만 원까지 비과세이므로 부모가 증여할 돈이 있을 경우 미리 증여 계획을 세워 아이 이름으로 주식 계좌를 만들어 주는 것도 현명한 방법이 될 수 있습니다.

나의 첫 주식 계좌 만들기

미성년자인 우리 친구들도 주식계좌를 만들 수 있어요.

키움증권 계좌 만들기

서류 준비

미성년자 기본증명서(자녀 명의 상세증명서, 주민등록번호 전부 공개)

가족관계증명서(주민등록번호 전부 공개)

법정대리인인 부모의 신분증, 휴대전화, 은행 또는 증권계좌

계좌 개설 절차

스텝 1] 영웅문S 앱 다운로드

스텝 2] 영운문S 왼쪽 하단 메뉴에서 **계좌 개설** 클릭, **'우리아이(미성년자) 계좌 개설하기'** 클릭

스텝 3] 가족관계증명서, 기본증명서 확인 후 계좌개설 완료

스텝 4] 우리아이(미성년자) 회원가입 및 공동인증서 발급

스텝 5] 입금 후 주식거래 시작

서류 제출 : 서류를 촬영하여 업로드합니다.

인증 절차 : 보호자의 본인 인증을 완료해야 합니다.

계좌 개설 후 다양한 이벤트에 참여해 혜택을 받을 수 있습니다.

8

환율과 국제경제

환율과 환차손

환율이란

환율이란 두 나라의 돈을 서로 교환할 때 적용되는 비율을 말해요. 예를 들어, 한국 원화를 미국 달러로 바꿀 때, 1달러가 몇 원인지 결정하는 것이지요. 최근 환율은 1달러에 1,300원 정도 한답니다.

한국 원화와 미국 달러 간의 환율이 높아지면 달러로 사는 물건이 비싸지고, 환율이 낮아지면 달러로 사는 물건이 더 저렴해져요.

너무 어려우니 예를 들어서 좀더 쉽게 설명해줄께요.
우리가 한국에서 미국으로 여행을 간다고 생각해보세요. 한국에서 1달러를 바꾸려면 1,300원이 필요해요. 이렇게 교환되는 비율을 환율이라고 해요. 그럼 10달러짜리 옷은 13,000원에 사는 것과 같아요.

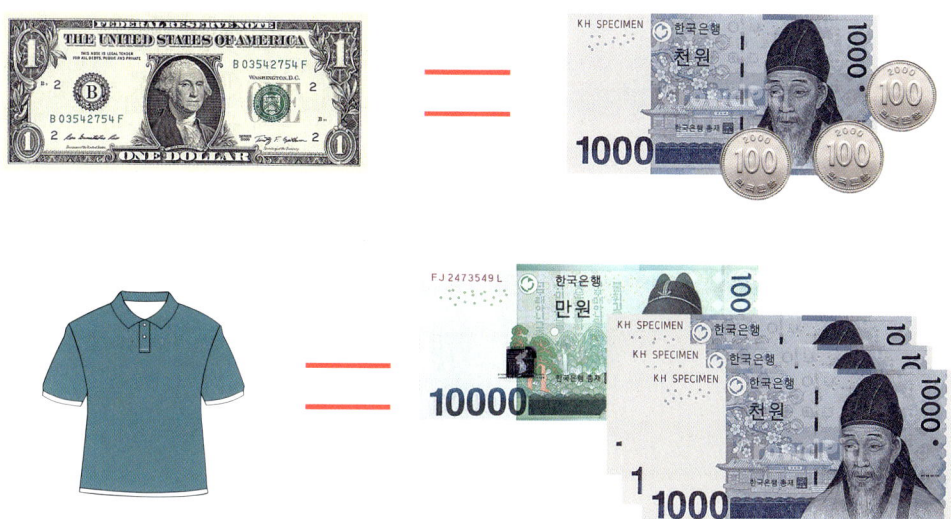

환율이 높아지면 :

만약 환율이 1,500원이 된다면, 같은 1달러를 얻기 위해 1,500원이 필요해요. 그래서 미국에서 물건을 사면 더 비싸지죠. 동일한 10달러짜리 옷을 사려면 15,000원을 내야 해요.

환율이 낮아지면 :

반대로 환율이 1,100원이 된다면, 1달러를 얻기 위해 1,100원만 필요해요. 그래서 미국에서 물건을 사면 더 저렴해지죠. 동일한 10달러짜리 옷을 이제는 11,000원에 살 수 있어요.

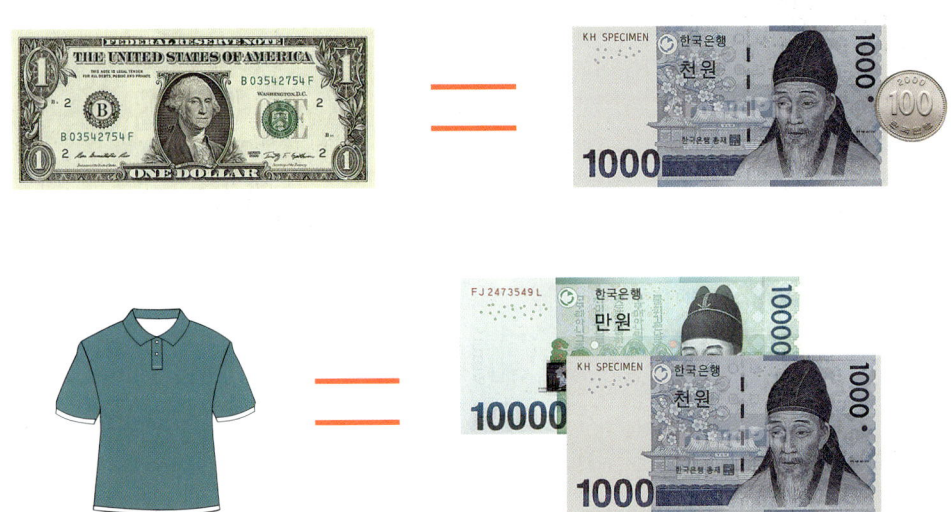

그래서 환율이 바뀌면 물건의 가격도 달라지고, 우리가 돈을 쓰는 방식도 영향을 받아요. 환율의 변화에 따라 물건의 가격이 달라질 수 있어요. 그래서 환율을 잘 이해하면 돈을 더 효율적으로 사용할 수 있답니다.

환차손이란

환차손은 돈을 다른 나라 통화로 바꿀 때 환율의 변화로 인해 손해를 보는 것을 말해요.

환차익은 반대로, 환율의 변화로 인해 이익을 보는 것을 말해요.

환차손 :

- 여행 전 : 해외 여행을 가기 전에 1달러를 1,300원에 바꿨어요. 즉 1,300원을 주고 1달러를 얻었죠.
- 여행 후 : 여행을 마치고 돌아와서 환율이 1,100원/달러로 낮아졌어요. 이 경우, 1달러를 바꾸면 1,100원을 받을 수 있어요.
- 결과 : 원래 1,300원을 주고 1달러를 얻었으나, 나중에 1,100원으로 바꿀 수 있어서 200원 손해를 보게 되는 거예요. 이를 환차손이라고 해요.

환차익 :

- 여행 전 : 해외 여행을 가기 전에 1달러를 1,300원에 바꿨어요. 즉 1,300원을 주고 1달러를 얻었죠.
- 여행 후 : 여행을 마치고 돌아와서 환율이 1,500원/달러로 높아졌어요. 이 경우, 1달러를 바꾸면 1,500원을 받을 수 있어요.
- 결과 : 원래 1,300원을 주고 1달러를 얻었으나, 나중에 1,500원으로 바꿀 수 있어서 200원 이익을 보게 되는 거예요. 이를 환차익이라고 해요.

주식 투자를 할 때도 한화를 달러로 바꿔서 주식을 사고, 나중에 다시 달러를 원화로 바꿔야 해요. 이때 환율의 변화에 따라 손해를 보거나 이익을 볼 수 있으므로, 환율 변동을 주의 깊게 살펴보고 적절한 시기에 환전하는 것이 중요해요.

기축통화

기축통화라는 것은 전 세계에서 가장 많이 사용되고, 가치가 인정받는 돈을 말해요. 현재 기축통화로 가장 많이 사용되는 것은 미국 달러예요.

기축통화가 되기 위해 필요한 조건은 다음과 같아요.
- **군사력과 외교적 영향력** : 그 돈을 사용하는 나라가 강한 군사력과 외교력을 가지고 있어야 해요.
- **많은 금 보유** : 금을 많이 가지고 있어야 해요. 금은 오래된 가치 있는 물건이기 때문이에요.
- **발달된 금융 시장** : 금융과 경제가 잘 발달되어 있어야 해요. 즉, 돈과 관련된 일이 잘 이루어지는 나라여야 해요.
- **안정된 신용과 물가** : 그 나라의 돈의 가치가 안정적이어야 해요.

 미국이 이러한 조건들을 가장 잘 갖추고 있어서 미국 달러가 기축통화로 사용되고 있어요. 또 다른 기축통화로는 유로화(유럽의 돈), 엔화(일본의 돈), 파운드(영국의 돈)도 있지만, 미국 달러만큼 널리 사용되지는 않아요.

환율이 오르거나 내리면 어떤 일이 벌어질까?

환율이 오르면

환율이 오른다는 말은 우리나라 돈의 가치가 떨어지고, 미국 달러 가치가 올라가는 것을 말해요.

장점 :

우리나라에서 미국 달러를 벌어오는 경우, 더 많은 원화로 바꿀 수 있어요. 예를 들어, 미국에서 벌어온 달러를 한국에서 바꿀 때 더 많은 원화를 받을 수 있어요.

한국의 수출 기업들이 미국에 물건을 팔 때, 달러로 받은 돈을 원화로 바꿀 때 더 많은 원화를 받을 수 있어서 이익이 커져요.

단점 :

미국에서 물건을 사거나 여행할 때, 우리나라 원화의 가치가 낮아져서 더 많은 돈을 지불해야 해요.

한국의 수입 기업들이 물건을 수입할 때, 같은 물건을 사오는 데 더 많은 돈을 지불해야 해요. 따라서 비용이 증가하고 기업 운영이 힘들어질 수 있어요.

환율이 내리면

환율이 내린다는 말은 우리나라 돈의 가치가 올라가고, 미국 달러의 가치가 떨어지는 것을 말해요.

장점 :

미국에서 물건을 사거나 여행할 때, 우리나라 원화의 가치가 높아져서 더 저렴하게 구매할 수 있어요.

한국의 수입 기업들이 물건을 수입할 때, 같은 물건을 사오는 데 필요한 원화가 줄어들어요. 그래서 비용이 줄어들어 기업의 이익이 커질 수 있어요.

단점 :

해외에서 외화를 벌어오는 경우, 바꿀 때 적은 금액을 받을 수 있어요.

한국의 수출 기업들이 미국에 물건을 팔 때, 달러로 받은 돈을 원화로 바꿀 때 더 적은 원화를 받을 수 있어요. 그래서 이익이 줄어들 수 있어요.

곤약젤리 가격은 어떻게 달라지는가

일본 여행을 가서 맛있는 곤약젤리를 사올 때, 환율의 변화에 따라 가격이 달라질 수 있어요. 일본에서 곤약젤리를 사와서 한국에서 팔 때, 환율이 변하면 물건의 가격도 영향을 받을 수 있답니다.

예를 들어, 일본에서 곤약젤리를 1,000엔에 사온다고 가정해볼게요. 만약 환율이 100엔이 1,000원이라면, 1,000엔에 해당하는 원화는 10,000원이 됩니다.

그러나 환율이 1,200원으로 오르면, 같은 1,000엔 하는 곤약젤리를 사려면 원화로 더 많은 돈이 필요해져서, 12,000원이 됩니다.

반대로 환율이 800원으로 떨어지면, 같은 1,000엔 하는 곤약젤리를 사는데 8,000원만 필요하답니다.

여행을 예로 들어볼게요.

일본 여행 첫날, 환율이 1,000원이어서 기분 좋게 저렴하게 곤약젤리를 사 먹었어요. 하지만 한국으로 돌아오는 길에 친구들 가족들에게 줄 선물로 곤약젤리를 사려고 했는데, 환율이 그 사이에 1,200원으로 올랐어요. 그래서 200원 더 주고 곤약젤리를 사야 했답니다.

9

미래산업에 투자하라

우리가 미래 산업에 투자해야 하는 이유

우리가 왜 주식 투자에 대해 생각해야 하는지, 그리고 어떻게 시작할 수 있는지 간단하게 이야기해볼까 합니다.

왜 투자를 해야 할까요?

여러분이 느끼지 못하시겠지만 지금도 물가는 계속해서 오르고 있어요. 여러분이 좋아하는 간식도, 필요한 물건도 점점 더 비싸져만 가죠. 물가가 오르면 돈의 가치가 줄어들기 때문에, 같은 돈으로 살 수 있는 것이 점점 줄어들어요.

하지만 월급은 잘 오르지 않는 특성을 가지고 있어요. 부모님께서도 월급이 잘 오르지 않아서 걱정이 많으세요. 회사에서 야근, 철야 거기에 주말근무까지 해도 월급은 쉽게 오르지 않아요. 그러니까 돈을 잘 관리하고 투자를 해야 해요. 이렇게 힘들게 벌어온 우리 부모님 월급이 물가상승으로 스스로 녹아 없어진다면 너무 허탈할 것 같아요.

　미래를 준비하는 게 중요해요. 만약 우리가 지금부터 부모님과 함께 준비해 나간다면, 10년, 20년, 30년 후에는 더 많은 경제적 자산을 가질 수 있을 거예요.

　자! 그럼 어떻게 시작해야 할까요?

　적은 돈으로도 시작할 수 있어요. 많은 사람들이 부동산에 투자하는 것이 정석이라고 하지만, 우리에겐 집을 사거나 건물을 살 만한 그런 큰 돈이 없어요. 하지만 우리에겐 언제나 그리고 갑작스럽게 들어오는 용돈이 있지요. 그래서 우리는 이 작은 용돈으로 주식 투자를 시작해 보는 거예요.

우리가 미래 산업에 투자해야 하는 이유

시간이라는 복리의 마법을 이용해요.

주식투자에서 가장 중요한 건 바로 시간이라는 복리의 마법이랍니다. 작은 용돈으로 시작해서 오랫동안 투자해 나간다면, 그 돈이 모이고 모여 그리고 이자가 붙고 그 이자에 원금에 또 복리이자가 붙게 되어서 우리 용돈은 계속 불어나게 돼요.

미래의 산업을 이끌 기업을 찾아야 해요.

앞으로 잘 될 기업들을 찾는 게 중요해요. 예를 들어, 미래 사회를 이끌어갈 새로운 기술을 개발하는 회사들이 있을 거예요. 이런 기업들에 투자하면, 그 기업이 성장하면서 우리 용돈 투자금도 같이 커질 수 있어요.

부모님과 함께 공부해요.

부모님과 함께 좋은 기업들을 찾아보고 공부하는 것도 매우 중요해요. 혼자하면 너무 어렵고 힘들어서 오래 지속할 수 없어요. 지금은 혼자 하려고 애쓰지 말고 우리 부모님의 도움을 받아서 같이 공부해요. 이렇게 좋은 기업들을 공부하고 찾아 나간다면 더 똑똑하게 투자할 수 있어요.

상상해 보아요.

지금부터 준비해 나간다면, 내 용돈으로 대학 등록금도 준비할 수 있어요. 여러분들의 지갑 속에 그리고 책상 서랍이나 가방 필통 속에 들어있는 용돈들을 그냥 두지 마세요. 지금부터라도 용돈을 모아 조금씩 투자해 나간다면, 우리 힘으로 대학 등록금도 충분히 마련할 수 있답니다.

투자는 긴 여행과도 같아요. 작은 발걸음이 모여서 큰 변화로 이어질 수 있답니다. 여러분도 이제 투자에 대해 조금씩 배우면서, 미래를 준비해 보세요!

우리는 할 수 있어요!

세상을 바꾼 기술의 탄생

미래의 가치를 지닌 좋은 기업을 찾기 위해서는 과거와 현재의 혁신 기술과 그 변화를 이끌어낸 기업들을 이해하는 것이 중요해요. 왜냐하면, 과거와 현재의 기술 발전을 잘 알면, 앞으로 어떤 기업이 미래를 이끌어갈지를 예측할 수 있게 되거든요. 그러면 우리가 모아 놓은 용돈을 어디에 투자해야 할지도 알 수 있게 돼요.

그럼 과거로 짧은 여행을 떠나볼까요? 오늘날까지 어떤 놀라운 기술들이 발명되었고, 그 기술들이 세상을 어떻게 바꿨는지, 그리고 그 변화를 이끈 멋진 주인공과 그 주인공이 만든 기업을 알아보아요. 이를 통해 우리도 미래의 혁신을 이끌어갈 기업을 찾아내고, 그 기업에 투자할 수 있게 될 거예요!

다음 페이지에 있는 그래프는 기술 혁신이 경제에 어떻게 영향을 미쳤는지 보여주는 자료예요. 이것을 보면 아주 오래 전부터 지금까지 어떤 기술들이 중요한 역할

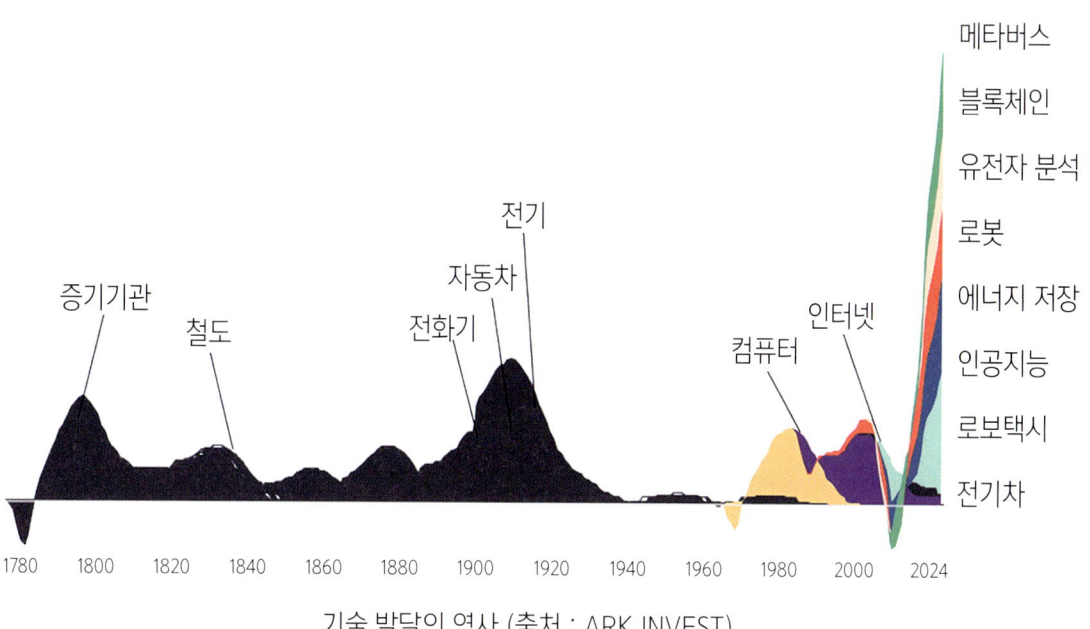

기술 발달의 역사 (출처 : ARK INVEST)

을 했는지 쉽게 알 수 있지요. 예를 들어, 1700년대에는 증기기관이 발명되면서 철도가 만들어졌고, 이로 인해 사람들이 먼 곳으로 쉽게 이동할 수 있게 되었어요. 이후 전기가 발명되면서 전자제품이 등장했고, 우리의 생활은 크게 편리하게 바뀌었어요. 현대에 들어와서는 컴퓨터와 인터넷이 세상을 완전히 바꿔 놓았죠. 컴퓨터 덕분에 우리는 더 많은 정보를 빠르게 처리할 수 있게 되었고, 인터넷을 통해 전 세계와 연결되었어요.

지금부터 과거의 1700년대부터 오늘날 2024년까지, 어떤 혁신 기술들이 등장했는지 간단히 살펴보도록 해요. 이걸 통해 미래의 혁신을 이끌어갈 기업들을 알아보고, 우리 용돈을 똑똑하게 투자하는 방법을 배울 수 있을 거예요.

증기기관(Steam Engine) - 1800년대

증기기관은 물을 끓여서 생긴 수증기의 힘으로 기계를 움직이게 하는 놀라운 장치예요. 물이 끓으면서 만들어지는 수증기는 매우 강력한 힘을 가지고 있어요. 이 힘을 바퀴나 피스톤 같은 부품을 움직이는 데 사용할 수 있었죠. 증기기관 덕분에 기차나 공장에서 사용하는 큰 기계들이 발명되었고, 더 힘차게, 더 빠르게, 그리고 더 오래 일할 수 있게 되었어요. 이 기술의 등장으로 인류는 '산업혁명'이라는 엄청난 변화를 맞이하게 되었답니다.

- **공장에서의 대량생산** : 예전에는 사람들이 손으로 하나하나 제품을 만들었지만, 이제는 증기기관 덕분에 공장에서 제품을 빠르고 대량으로 생산할 수 있게 되

증기기관의 발명은 대량생산의 길을 열어놓았어요.

었어요.

- **교통 혁명** : 증기기관을 이용한 기차와 배가 개발되면서, 먼 거리도 쉽게 이동할 수 있게 되었어요. 이로 인해 여행과 물류가 혁신적으로 변했죠.
- **도시화** : 공장들이 생기면서 사람들은 일자리를 찾아 농촌을 떠나 도시로 모여들었어요. 이로 인해 큰 도시들이 급속히 발전하고 성장하게 되었어요.
- **삶의 변화** : 사람들의 일상도 크게 변했어요. 논과 밭에서 일하던 사람들은 이제 공장에서 일하게 되었고, 기계 덕분에 생산성이 높아지면서 더 풍요로운 삶을 누리게 되었죠.

증기기관은 단순한 기술 그 이상으로, 인간의 삶과 세상을 완전히 바꾼 혁신이었어요.

철도(Railways) - 1800년대 중반

철도는 단순히 기차가 다니는 길이 아니라, 인류의 삶을 편리하고 풍요롭게 만들어 준 아주 중요한 발명이었어요. 철도는 사람들과 상품, 제품, 서비스들을 빠르게 연결해 주면서 세상에 큰 변화를 가져왔답니다.

- **빠르고 편리한 이동** : 증기기관으로 움직이는 기차가 철도를 따라 달리면서 사람들은 더 멀리, 더 빠르게 이동할 수 있게 되었어요. 덕분에 여행이 쉬워졌고, 새로운 곳에서 공부하거나 일할 기회도 생겼지요. 이로 인해 다양한 경험을 하게

철도는 대량 수송으로 지역 간의 거리를 좁히는 역할을 했어요.

되었고, 기술 혁신에도 큰 영향을 미쳤어요.

- **물류의 대량 수송** : 철도가 도시와 도시를 연결하면서 사람들과 함께 물건들도 대량으로, 자유롭게 이동할 수 있게 되었어요. 이로 인해 도시 간의 교류가 활발해졌고, 지역 간의 거리가 더 가까워졌답니다.
- **새로운 일자리 창출** : 철도 건설과 운영에 많은 일자리가 필요했어요. 그래서 많은 사람들이 철도와 관련된 일자리를 얻게 되었고, 이것이 경제에도 긍정적인 영향을 미쳤어요.
- **새로운 문화의 형성과 전파** : 철도가 농촌과 도시를 연결하면서 사람들이 쉽게 도시로 이동할 수 있게 되었어요. 그래서 도시들이 더 커졌고, 다양한 지역에서 모인 사람들로 인해 도시에는 여러 문화를 가진 사람들이 모여들면서 새로운 문화가 형성되었답니다.

- **전쟁에서의 중요한 역할** : 전쟁 중에도 철도는 군인들과 무기를 빠르게 운반하는 데 사용되었어요. 철도는 국가의 중요한 핵심 자원이 되면서, 전쟁에서 매우 중요한 역할을 했답니다.

철도는 단순한 교통수단이 아니라 사람들의 삶을 크게 변화시키고, 세상을 더욱 연결된 곳으로 만들어 준 혁신적인 발명이었어요.

전기(Electricity) - 1900년대 초반

전기는 불을 밝히고 기계를 돌리는 새로운 에너지로, 인류의 삶을 완전히 바꿔 놓은 엄청나게 중요한 발견이에요. 이제 전기가 인류에 미친 긍정적인 영향을 더 자세히 살펴볼까요.

- **불을 대신한 전등** : 예전에는 밤이 되면 촛불이나 등잔불을 켜야 했어요. 하지만 전기의 발명으로 전등이 만들어지면서 밤에도 환한 빛을 얻을 수 있게 되었지요. 덕분에 사람들은 더 늦은 시간까지 일하거나 공부할 수 있게 되었답니다.
- **편리한 가전제품** : 전기는 냉장고, TV, 컴퓨터, 세탁기 같은 가전제품을 사용할 수 있게 해줬어요. 이 가전제품들은 우리의 삶을 훨씬 더 편리하게

만들어 주었답니다. 예를 들어, 냉장고 덕분에 음식을 오래 보관할 수 있고, 세탁기 덕분에 빨래가 한결 쉬워졌어요.

- **공장과 산업 발전** : 전기는 공장에서 기계를 돌리는 데 필수적이었어요. 전기 덕분에 공장에서 더 효율적으로 제품을 생산할 수 있었고, 대량 생산이 가능해졌답니다. 이는 경제 발전에 큰 도움을 주었고, 많은 사람들에게 일자리를 제공했어요.

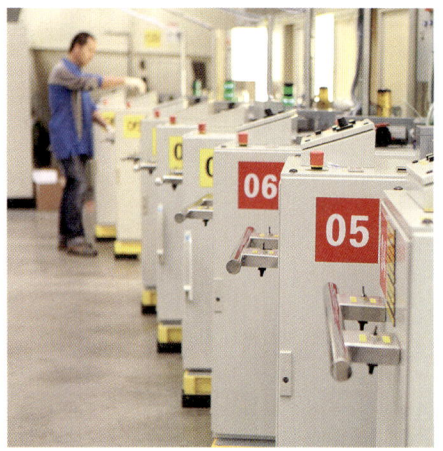

- **교통과 통신** : 전기는 전철, 전기차, 고속열차 같은 교통수단을 가능하게 했어요. 또 전기를 이용해 전화, 인터넷 같은 통신 기술이 발전했답니다. 전기가 없었다면 지금처럼 전화나 인터넷을 사용할 수 없었을 거예요.

- **의료 발전** : 병원에서 사용하는 여러 가지 의료 기기들도 전기로 작동해요. X-ray, 초음파 진단기, CT, MRI, 인공호흡기 등은 모두 전기 덕분에 사용 가능하지요. 이로 인해 의사 선생님들은 더 정확하게 진단과 치료를 할 수 있게 되었어요.

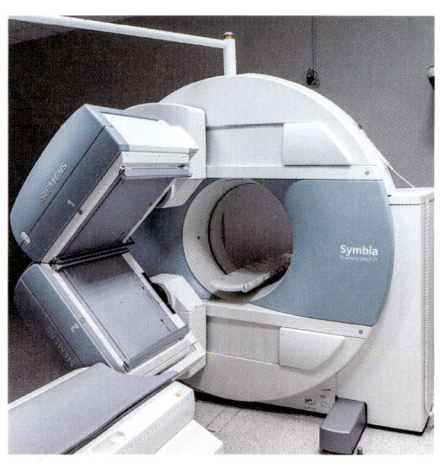

- **오락과 문화** : 전기 덕분에 TV, 영화, 게임

같은 다양한 오락을 즐길 수 있게 되었어요. 음악을 듣거나 영화를 보는 것도 전기가 있어야 가능하답니다. 영화관에서 팝콘을 먹으며 저녁 10시에 영화를 볼 수 있는 것도 다 전기 덕분이지요.

이처럼 전기는 우리의 삶을 더 밝고, 편리하고, 풍요롭게 만들어 주었어요. 오늘날 우리가 누리는 많은 것들이 전기 덕분에 가능하다는 것을 꼭 기억하세요.

전화(Telephone) - 1900년대 중반

전화는 인류에게 많은 긍정적인 영향을 주었어요. 그 중에서 가장 중요한 핵심은 멀리 있는 사람들과 이야기를 할 수 있게 만들어 준 것이에요. 전화 덕분에 우리는 이전과 다르게 정보를 빠르게 주고받을 수 있게 되었어요.

- **멀리 있는 사람과 쉽게 대화** : 전화 덕분에 멀리 떨어져 있는 가족이나 친구들과도 쉽게 대화할 수 있게 되었어요. 예전에는 편지를 써서 보내야 했고, 답장을 받는 데도 시간이 많이 걸렸지만, 전화는 즉시 이야기를 나눌 수 있게 해줬지요. 정말 편리한 세상이 열렸어요.
- **위급한 상황에서 도움 요청** : 전화는 위급한 상황에서도 큰 도움이 돼요. 사고가 나거나 아플 때, 전화로 바로 119에 연락해서 도움을 받을 수 있어요. 그래서 전화는 사람들의 안전을 지키는 데 중요한 역할을 하고 있답니다.
- **비즈니스와 일의 효율성 향상** : 전화는 회사나 일하는 사람들에게도 아주 유용해

요. 중요한 업무를 신속하게 처리할 수 있고, 회의나 협상을 전화로 할 수 있어서 일의 속도가 빨라졌어요. 덕분에 전 세계 사람들이 쉽게 연결되어 일을 할 수 있게 되었지요.

- **정보와 뉴스 공유** : 예전에는 신문이나 편지로 정보를 주고받았지만, 전화 덕분에 중요한 소식이나 뉴스를 실시간으로 전달할 수 있게 되었어요. 전화는 사람과 사람을 더 잘 연결해 주고, 세상에서 일어나는 일을 더 빨리 알 수 있게 해줬답니다.

- **사람들간의 관계 유지** : 도시화가 발전하면서 많은 사람들이 일자리를 찾아 먼 도시나 다른 나라로 떠나게 되었어요. 예전에는 멀리 사는 가족들과 연락하기가 어려웠지만, 전화 덕분에 언제든지 소식을 주고받을 수 있게 되었답니다. 그래서 사람들이 더 가까워지고, 관계를 유지하기가 쉬워졌지요.

이렇게 전화는 우리 삶을 더 편리하고, 안전하며, 서로 잘 연결되게 만들어 주는 아주 중요한 발명품이에요. 전화 덕분에 우리는 세상과 더 가까워지고, 많은 일을 더 효율적으로 할 수 있게 되었답니다.

자동차(Automobile) - 1900년대 초반

　자동차는 인류의 삶을 획기적으로 변화시킨 중요한 발명품이에요. 기차와 다르게, 자동차는 개인이나 가족 단위의 사람들이 자유롭게 이동할 수 있는 수단이에요. 언제 어디든 평평한 땅만 있으면 쉽고 빠르게 그리고 편하게 이동할 수 있게 되었답니다. 그러면 자동차가 우리 삶에 어떤 긍정적인 영향을 주었는지 살펴볼까요.

　더 빠르게, 더 멀리 이동할 수 있어요. 자동차가 생기면서 사람들은 먼 곳도 쉽게 갈 수 있게 되었어요. 여행이나 출퇴근이 훨씬 편리해졌고, 예전에는 갈 수 없었던 곳도 자동차 덕분에 쉽게 갈 수 있게 되었지요.

- **시간 절약** : 자동차는 이동 시간을 크게 줄여줘요. 예를 들어, 예전에는 말을 타고 하루 종일 걸릴 거리라도 이제는 몇 시간 안에 도착할 수 있게 되었어요. 덕분에 사람들은 더 많은 일을 할 수 있게 되었고, 가족과 보내는 시간도 더 늘어나게 되었답니다.
- **비즈니스와 경제 발전** : 자동차 덕분에 물건을 더 빠르게 운반할 수 있게 되었어요. 이로 인해 상점들이 더 많은 제품을 팔 수 있었고, 회사들도 제품을 쉽게 배송할 수 있게 되었지요. 자동차 산업 자체도 많은 일자리를 만들어 경제 발전에 큰 도움이 되었어요.
- **응급 상황에서 도움** : 자동차는 응급 상황에서도 중요한 역할을 해요. 구급차가

환자를 빨리 병원에 데려갈 수 있고, 소방차와 경찰차도 자동차 덕분에 빠르게 현장에 도착할 수 있답니다. 그래서 사람들의 생명과 안전을 지키는 데 큰 도움이 되지요.

- **생활의 자유와 독립성** : 자동차 덕분에 사람들은 언제든지 원하는 곳으로 갈 수 있는 자유를 누리게 되었어요. 주말에 가족과 여행을 가거나, 친구들과 드라이브를 즐길 수 있게 된 것이지요. 자동차는 우리에게 더 많은 자유와 독립성을 주었답니다.

- **도시와 지역 발전** : 자동차는 사람들이 다양한 곳에 살 수 있게 도와줬어요. 덕분에 도시뿐만 아니라 교외나 시골 지역도 발전할 수 있게 되었고, 사람들이 자동차로 출·퇴근할 수 있어서 더 넓은 지역에 살면서도 일을 할 수 있는 다양한 기회를 만들어 주었지요.

 아빠, 증기기관을 이용한 기차와 철도도 자동차처럼 이동에 자유를 주지 않았나요?

증기기관을 이용한 철도와 자동차의 대중화는 모두 인류에게 큰 영향을 끼쳤지만, 그 영향의 방향과 결과는 다소 다르단다. 아빠가 차이점을 중심으로 설명해 줄게!

철도와 자동차가 인류에 끼친 영향들

이동의 범위와 접근성

- **철도** : 철도는 증기기관을 이용해 기차를 빠르게 이동시킬 수 있게 했지만, 철로가 놓인 곳에서만 움직일 수 있었어요. 그래서 철도는 주로 대도시나 산업 중심지를 연결하는 역할을 했고, 그 지역을 중심으로 발전이 이루어졌어요. 하지만 철도가 건설되지 않은 지역은 소외되기 쉬웠어요.
- **자동차** : 자동차는 도로만 있으면 어디든 갈 수 있어요. 도로가 더 많이 확장됨에 따라 사람들은 집 앞에서 바로 출발해 원하는 곳으로 쉽게 이동할 수 있게 되었어요. 이 점이 철도와 가장 큰 차이점이라고 할 수 있어요. 그래서 자동차는 개인적인 이동을 가능하게 하고, 그 결과로 도시뿐만 아니라 교외나 시골 지역도 발전할 수 있는 기회를 갖게 되었어요.

도시화와 지역 발전

- **철도** : 철도는 도시 간 연결과 도시화에 중요한 역할을 했어요. 철도는 대규모 산업 발전을 촉진하고, 도시를 중심으로 경제가 성장하도록 만들었어요. 그러나 철도가 지나지 않는 지역은 발전에서 소외되거나 그 속도가 더뎠어요.

- **자동차** : 자동차는 도시와 교외, 시골 지역까지도 영향을 미쳤어요. 사람들이 자동차를 이용해 도시 외곽으로 이동하고 살 수 있게 되면서 교외 지역의 발전이 가속화되어요. 시골 지역도 사람들의 이동 덕분에 새로운 발전의 기회를 얻게 되었어요.

대중 교통과 개인 이동수단

- **철도** : 철도는 대규모 인력을 한꺼번에 이동시킬 수 있는 대중교통 수단이에요. 많은 사람들이 정해진 시간에 기차를 타고 출퇴근하거나 이동하게 되었어요. 이는 특히 산업화 초기에 중요한 역할을 했어요.
- **자동차** : 반면 자동차는 개인적인 이동수단으로 개인이나 한 가족이 원하는 시간에 원하는 곳으로 갈 수 있는 자유를 주었어요. 이는 사람들이 더 개인화된 생활을 할 수 있도록 만들어 주었고, 일상 생활의 독립성과 자유를 넓혀주었어요.

경제와 산업에 미친 영향

- **철도** : 철도는 대규모 산업과 장거리 물류의 발전에 중대한 영향을 미쳤어요. 석탄, 철강, 목재 등 무거운 자원들을 대량으로 빠르게 운송할 수 있었기 때문에 산업화 시대에 없어서는 안 될 중요한 수단이었어요.
- **자동차** : 자동차는 소규모 물류와 소비자 중심 경제에 큰 변화를 가져왔어요. 자동차 덕분에 상품을 작은 상점이나 집까지 직접 배달할 수 있게 되었고, 이는 소비자 시장의 확대를 가져왔어요. 또한 자동차 산업 자체도 거대한 경제를 이루며 많은 일자리를 창출했어요.

사회 구조와 생활 방식

- **철도** : 철도는 집단적인 이동과 집단적인 생활을 가능하게 했어요. 예를 들어, 사람들이 기차를 타고 함께 출퇴근하거나, 특정 시간에 맞춰 생활하는 패턴이 형성되었어요. 이는 공동체 의식을 강화시켰어요.
- **자동차** : 자동차는 사람들의 생활을 더 개인화시켜 주었어요. 각자가 원하는 시간에 원하는 곳으로 갈 수 있어서 생활의 자유와 독립성이 더 커졌어요. 자동차로 인해 교외나 시골로의 이동이 증가하면서 도시 중심의 생활이 분산되고, 다양한 지역이 발전하게 되었어요.

 이처럼 철도와 자동차는 모두 인류의 이동을 혁신적으로 바꾼 중요한 발명품이지만, 그 방식과 결과는 서로 달랐단다. 철도는 대규모 이동과 도시 중심의 발전에 기여한 반면, 자동차는 개인의 자유와 다양한 지역 발전을 촉진시켜 주었지.

컴퓨터(Computers) - 1900년대 후반

컴퓨터는 정보를 계산하고 저장하는 기계장치인데, 과거에 연필과 종이를 사용해서 사람이 했던 일을 대신해 디지털 방식으로 모든 작업을 빠르고 정확하게 해줍니다. IC 칩 덕분에 컴퓨터는 더 많은 일을 더 빠르게 처리할 수 있게 되었어요.

정보 찾기가 쉬워졌어요

컴퓨터 덕분에 인터넷을 통해 거의 모든 정보를 빠르게 찾을 수 있어요. 예전에는 책을 펴고 하나 하나 찾아봐야 했지만, 이제는 몇 번의 클릭만으로 원하는 정보를 찾을 수 있죠. 그래서 공부할 때나 궁금한 게 있을 때 바로 답을 찾을 수 있게 되었어요.

전 세계 사람들과 연결돼요

컴퓨터는 이메일이나 채팅을 통해 다른 나라에 있는 친구나 가족과 쉽게 연락할 수 있게 해줍니다. 덕분에 우리는 전 세계 사람들과 소통하고, 다양한 문화를 쉽게 알게 되었어요.

일이 훨씬 더 쉬워졌어요

컴퓨터는 계산을 빠르게 해주고, 문서 작성이나 그림 그리기 등 많은 작업을 쉽게 도와줍니다. 복잡한 데이터를 처리하거나 프로그래밍으로 여러 일을 자동화할 수 있어요. 그래서 우리는 더 많은 일을 짧은 시간에 할 수 있게 되었답니다.

오락과 재미를 줘요

컴퓨터는 게임, 영화, 음악 등 다양한 오락을 즐길 수 있는 도구입니다. 언제든지 좋아하는 게임을 하거나 영화를 볼 수 있고, 친구들과 함께 온라인에서 즐길 수도 있죠. 덕분에 컴퓨터는 많은 재미와 휴식을 제공합니다.

창의력을 발휘할 수 있어요

컴퓨터는 그림 그리기, 음악 만들기, 글쓰기 등 창작 활동에도 큰 도움이 됩니다. 다양한 소프트웨어를 활용해서 자신의 상상력을 마음껏 표현할 수 있죠. 예를 들어 애니메이션을 만들거나 사진을 멋지게 편집하는 것도 가능해요.

교육과 학습을 더 효과적으로 진행할 수 있어요

컴퓨터는 온라인 수업과 교육 프로그램을 통해 전 세계 어디서나 배울 수 있는 기회를 제공해요. 다양한 학습 도구와 게임을 통해 재미있게 공부할 수 있도록 도와주죠. 그래서 학생들이 더 효율적으로 배우고, 많은 지식을 쌓을 수 있게 해줍니다.

과학과 기술 발전을 이끌었어요

컴퓨터는 복잡한 문제를 해결하고 새로운 기술을 개발하는 데 중요한 역할을 해요. 과학자들이 우주를 탐험하거나 질병을 연구하는 것도 컴퓨터 덕분에 가능해졌죠. 그래서 컴퓨터는 과학과 기술의 발전에 큰 기여를 했습니다.

이렇듯 컴퓨터는 우리의 생활, 일, 공부, 그리고 놀이까지 모든 면에서 큰 변화를 가져왔어요. 덕분에 우리는 더 편리하고 연결된 세상에서 살아가고 있답니다.

인터넷 (Internet) - 2000년대

인터넷은 전 세계가 하나로 연결된 네트워크 환경을 말하는데, 사람들이 쉽게 접속해서 온라인상에서 정보를 찾고 서로 소통하고 물건을 사고 파는 일이 가능해진 진보된 혁신 기술을 말합니다.

모든 정보가 손끝에 있어요

인터넷 덕분에 우리는 거의 모든 정보를 언제든지 찾을 수 있어요. 예전에는 도서관에 가서 책을 찾아야 했지만, 지금은 스마트폰이나 컴퓨터로 간편하게 검색할 수 있죠. 궁금한 게 생기면 바로 답을 찾을 수 있어서 공부도 훨씬 효율적이랍니다.

전 세계 사람들과 연결돼요

인터넷은 SNS, 이메일, 메신저 등을 통해 다른 나라에 있는 친구들과 쉽게 연락할 수 있게 해줘요. 덕분에 세계가 더 가까워지고, 다양한 나라의 사람들과 소통할 수 있게 되었어요.

쇼핑과 배달이 더 쉬워졌어요

인터넷 덕분에 집에서 편하게 물건을 주문할 수 있는 온라인 쇼핑이 가능해졌어요. 필요한 물건이 집 앞까지 배달되고, 음식을 쉽게 주문할 수도 있죠. 이렇게 해서 필요한 것을 더 편리하게 얻을 수 있어요.

교육과 학습이 더 다양해졌어요

인터넷은 공부를 더 다양하고 재미있게 만들어 줬어요. 온라인 수업을 듣거나, 유

튜브를 통해 여러 가지를 배울 수 있죠. 집에서도 전 세계 유명 대학의 강의를 들을 수 있으니, 배우고 싶은 게 있다면 인터넷이 큰 도움이 되죠.

오락과 여가 활동이 풍부해졌어요

인터넷 덕분에 게임, 영화, 음악 등 다양한 오락거리를 언제든지 즐길 수 있어요. 유튜브 같은 플랫폼도 있어, 더 많은 재미를 찾고 자유 시간을 즐겁게 보낼 수 있죠.

일과 사업이 더 효율적이에요

인터넷은 원격으로 일을 할 수 있게 해줘요. 예를 들어, 코로나 팬데믹 시기에 집에서 일할 수 있었고, 전 세계 사람들과 협업할 수 있었죠. 또한 온라인상의 작은 가게를 운영하거나 물건을 팔 수 있는 기회도 제공해줘요.

새로운 친구와 취미를 찾을 수 있어요

인터넷 덕분에 다양한 온라인 커뮤니티를 통해 새로운 친구를 만나고, 취미를 공유할 수 있어요. 게임을 좋아하는 사람들과 함께 게임을 하거나, 같은 관심사를 가진 사람들과 이야기를 나눌 수 있죠. 인터넷은 사람들을 연결해주는 도구가 되었어요.

인터넷은 우리의 생활을 훨씬 더 편리하고, 흥미롭게 만들어 줬어요. 모든 것이 더 빠르고, 쉽게 연결되었고, 우리가 더 많은 것을 배우고 즐길 수 있게 되었죠. 정말 대단한 발명품이라고 할 수 있어요.

변화하는 세상, 우리는 어디를 향해 가는걸까?

새로운 기술들 - 2020년대 이후

미래 기술이 우리 일상에 어떤 변화를 가져올지 상상해보는 건 정말 흥미롭죠. 이미 많은 기술이 실현 가능하고, 조금만 더 발전하면 우리의 주변에서 쉽게 볼 수 있을 날이 올 거예요. 여기에서 이야기하는 기술들은 대부분 기술적으로 준비가 완료되었지만, 법적·안전적 측면에서 조금 더 고민이 필요해요. 그러면 지금부터 각 기술이 우리 일상에 어떻게 적용될 수 있을지 알아볼게요.

전기자동차(Electric Vehicle) : 전기로 모터를 구동하여 이동하는 자동차.

에너지 저장(Energy Storage) : 전기를 저장하는 방법.

인공지능(Artificial Intelligence) : 스스로 학습하고 생각하는 기계.

로봇 공학(Robotics) : 사람을 돕는 기계.

로보택시(Robotaxi) : 운전자 없이 자율주행이 가능한 택시.

블록체인 기술(Blockchain Technology) : 데이터를 안전하게 저장하는 방법.

도심항공교통(UAM, Urban Air Mobility) : 수직 이착륙이 가능한 도심 항공 이동형 비행기.

유전체 분석(Genome Sequencing) : 생물의 유전자를 분석하는 기술.

가상세계(Metaverse) : 현실을 초월하는 가상 디지털 트윈 세상.

이러한 미래의 기술들은 우리의 일상 생활을 크게 변화시킬 준비가 되어 있어요. 기술이 발전함에 따라, 우리의 생활은 더욱 편리하고 풍부해질 것이며, 상상하는 것들이 현실로 다가오는 날이 가까워질 거예요.

영화 〈제5원소〉의 한 장면

전기자동차

전기자동차는 전기로 움직이는 자동차로, 배기가스가 없어 더 깨끗하게 운전할 수 있어요. 현재는 기름으로 움직이는 내연기관 자동차에서 전기 자동차로의 전환이 진행되고 있으며, 점점 더 많은 자동차가 전기 동력으로 바뀌고 있답니다.

전기충전소의 확산

2030년까지 전기충전소가 더 널리 퍼질 거예요. 현재는 충전소가 부족하거나 찾기 어려운 경우가 있지만, 앞으로는 더 많은 장소에서 쉽게 충전할 수 있게 될 것 같아요.

충전 속도의 개선

충전 속도가 지금보다 빨라질 거예요. 현재 전기차 충전에는 시간이 좀 걸리기 때문에 유튜브를 보거나 영화를 보면서 충전이 다 될 때까지 차에서 기다려야 해요. 하지만 지속적인 기술 발전으로 충전 시간이 단축되면 더 빠르고 편리하게 사용할 수 있게 될 거예요.

완전 자율주행 기술

아직까지 기술적으로 많이 어렵

다고 여겨지는 완전 자율주행 기능도 곧 현실화될 거예요. 자율주행 자동차는 스스로 도로를 이해하고 운전할 수 있어요. 그래서 운전자가 직접 운전대, 브레이크, 액셀러레이터(가속패달)를 조작 하지 않아도 스스로 운전을 해 나간답니다.

스마트 교통 시설

더 똑똑한 교통 시설들도 준비가 가능해질 거예요. 교통 신호나 도로 상황을 실시간으로 분석하고 조절하는 시스템이 도입되면, 교통 체증을 줄이고, 더욱 효율적인 운전 환경이 만들어질 거예요. 그러면 지금처럼 도로에서 시간을 낭비하는 일은 많이 줄어들 거예요.

환경에 미치는 긍정적인 영향

이 모든 변화는 지구의 대기오염을 줄이고, 환경을 보호하는 데 큰 도움이 될 거예요. 전기자동차는 배기가스가 없어서 대기 오염을 줄일 수 있고, 에너지 효율이 높아 에너지 자원을 절약할 수 있답니다. 따라서 전기자동차의 보급이 확대되면, 더 깨끗하고 건강한 환경을 만들 수 있을 것같아요.

에너지 저장 시스템

에너지 저장 시스템, 흔히 ESS(Energy Storage System)라고 부르는 이 시스템은 대규모로 많은 양의 전기를 저장하고, 효율적으로 사용할 수 있게 해주는 기술이에요. 현재는 주로 태양광과 풍력 에너지를 저장하여 전력 공급을 안정화하고, 전력

에너지 저장 시스템(출처 : The FURU)

망의 안정성을 높이는 데 사용되고 있답니다.

에너지 저장

ESS는 배터리나 다른 저장 장치를 사용하여 태양광이나 풍력 등에서 생산된 전기를 저장하고 필요할 때 효율적으로 방출해요. 이 기술 덕분에 재생 에너지를 활용할 수 있는 기회가 더욱 확대될 수 있죠. 저장된 전기는 필요할 때 활용할 수 있어 에너지의 낭비를 줄이고, 전력 공급의 신뢰성을 높여준답니다.

전력 공급 안정화

전력 수요와 공급이 불균형할 때, 저장된 전기를 사용하여 전력망을 안정화할 수 있어요. 예를 들어, 태양광이나 풍력 에너지가 부족할 때 저장된 전기로 전력 공급을 유지할 수 있게 되죠. 이로 인해 전력 공급이 일정하게 유지될 수 있어, 전력망의 안정성이 크게 향상된답니다.

비용 절감

전력 요금이 낮은 시간대에 전기를 저장해 두고, 전력 요금이 높은 시간대에 사용하는 방법으로 비용을 절감할 수 있어요. 예를 들어, 밤에 저장된 전기를 낮에 사용하면 전력 요금이 더 저렴하게 될 수 있죠. 이는 에너지 비용을 절감하는 데 큰 도움이 된답니다.

미래의 발전과 기여

가까운 미래에는 더 많은 지역에 ESS가 설치되고, 에너지 저장 용량이 커질 거예요. 재생 에너지의 활용도가 높아지면서, 전 세계 에너지 효율성도 크게 개선될 거예요. 이 시스템은 지구의 탄소 배출을 줄이고, 환경 보호에도 크게 기여할 것으로 예상하고 있어요.

에너지 저장 시스템은 우리의 전력 공급을 더 안정적이고 효율적으로 만들어 주며, 재생 에너지의 보급과 활용을 더 촉진할 수 있는 중요한 기술이에요. 미래에는 ESS가 에너지 관리의 핵심이 되어, 지속 가능한 환경을 만드는 데 중요한 역할을 하게 될 거예요.

생성형 AI

생성형 AI는 기계가 인간의 언어를 이해하고, 사람처럼 대화하며, 질문에 답하거나 콘텐츠를 생성할 수 있게 하는 기술이에요. 대표적인 예로 챗GPT가 있는데, 이 AI는 대량의 데이터를 학습하여 다양한 주제에 대해 창의적이고 적절한 응답을 생성할 수 있답니다.

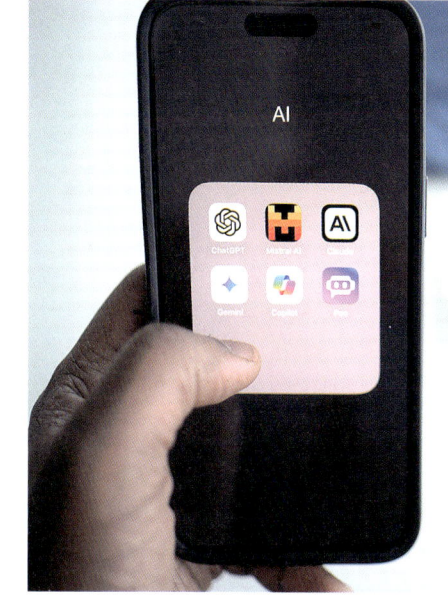

대화형 인터페이스

챗GPT 같은 생성형 AI는 대화형 인터페이스(서로 다른 것들이 소통할 수 있게 해주는 연결 방법)를 통해 사용자와 상호작용(서로 대화하거나 반응하는 것)을 쉽게 할 수 있어요. 사용자는 자연어(일반 사회에서 자연히 발생하여 쓰이는 언어)로 질문을 하고, AI는 그에 맞는 적절한 답변을 제공해 주죠. 이 방식은 편리하고 사용이 쉬워서 현재도 많은 분야에서 활용되고 있답니다.

창의적인 콘텐츠 생성

이 AI는 텍스트를 작성하고 아이디어를 제시하는 데 유용해요. 예를 들어, 글쓰기, 기획서 작성, 마케팅 콘텐츠 생성 등에서 도움을 줄 수 있어요. AI는 다양한 주제에 대한 정보를 바탕으로 창의적이고 유용한 콘텐츠를 만들어낼 수 있답니다.

미래의 생성형 AI

미래에는 생성형 AI가 더 자연스럽고 인간과 같은 대화를 가능하게 될 거예요. 기술이 발전하면서, AI는 더 정확하게 인간의 감정을 이해하고 보다 섬세하게 소통할 수 있게 될 거예요. 또한 교육, 고객 서비스, 콘텐츠 생성 등 여러 분야에서 더 널리 사용될 것 같아요.

인간과 AI의 경계

앞으로는 인간과 AI를 구분하기 어려운 시대가 올 수도 있어요. 생성형 AI는 인간처럼 대화할 수 있는 능력을 갖추게 되어, AI와의 대화를 인간과의 대화처럼 느끼게 될 수도 있을 것 같아요.

공감 능력

미래에는 AI가 인간의 감정을 더 잘 이해하고 공감해 줄 수 있는 챗봇이 등장할지도 모르겠어요. 이는 사용자의 감정 상태를 파악하고 적절한 반응을 보이는 AI를 의미한답니다. 이러한 AI는 개인화된 상호작용을 통해 더욱 깊은 수준의 소통을 가능하게 해줄거예요.

생성형 AI는 현재도 많은 분야에서 활용되고 있으며, 앞으로 더 발전하여 우리의 일상생활에 더 많은 영향을 미칠 것으로 기대가 되는 기술이예요. 이 기술이 더욱 발전하면, AI는 인간과의 상호작용을 더 매끄럽고 자연스럽게 해 나갈 수 있어요.

로봇공학

요즘 우리 주변에는 다양한 로봇들이 사람들을 돕고 있어요. 예를 들어, 식당에서는 음식을 서빙 해주는 로봇이 있고, 공항에서는 길을 안내해주는 로봇이 있죠. 이와 같은 로봇들은 우리 생활을 더 편리하게 만들어 준답니다.

옷처럼 입는 로봇도 있답니다. 웨어러블 로봇이라고 부르는데, 이 로봇은 사람들의 팔, 다리 그리고 몸에 부착해서 사용하는 보조 로봇이에요. 이 로봇은 인간의 움직임을 거들고 부족한 부분의 힘을 보강해 준답니다.

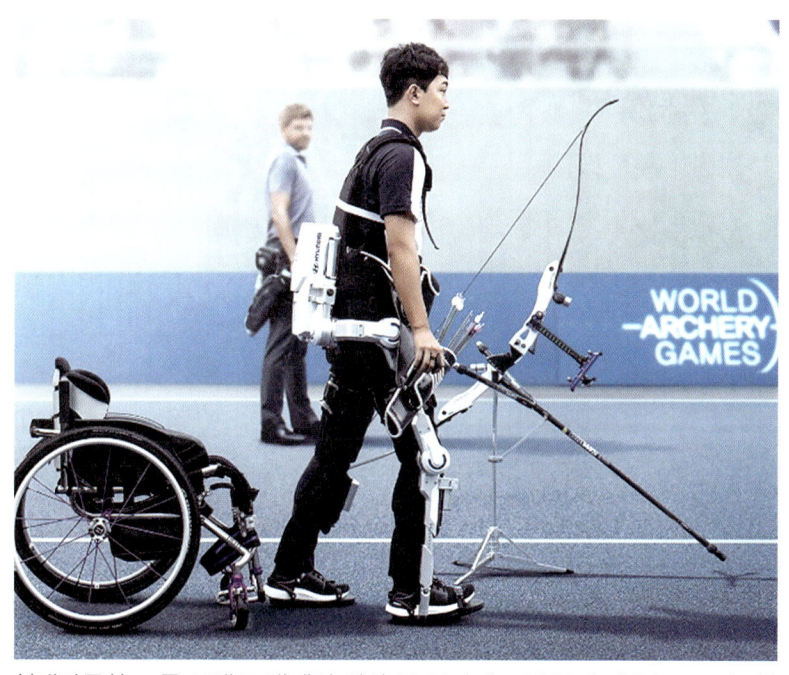

현대자동차 그룹 브랜드 캠페인 영상 중 국가대표 박준범 선수(2020년 1월)

보행 보조 로봇

하반신이 불편한 사람들을 돕기 위해 설계된 로봇이에요. 발판 위에 서서 몸을 고정하면 로봇이 실제로 걷는 것처럼 보행을 도와줘요. 다양한 버튼을 조작하면 로봇이 걷는 동작을 대신해준답니다. 사용자는 로봇의 무게를 거의 느끼지 않고 자연스럽게 이동할 수 있어요.

의료용 로봇

이 로봇은 의료 분야에서 사용된답니다. 예를 들어, 재활 치료나 이동이 어려운 사람들에게 도움이 되는 로봇이죠. 재활치료센터에서는 걷지 못하는 환자들의 재활을 돕기 위해 많은 재활치료사 분들이 애를 쓰시고 계세요. 이 로봇은 이 분야에서 큰 도움이 될 거예요.

산업용 로봇

공장의 작업장에서도 로봇이 사용되는데, 무거운 물건을 이동시키거나 어렵고 위험한 작업을 도와준답니다.

웨어러블 로봇의 장점

- **편안함** : 로봇의 무게는 사용자가 거의 느끼지 않으며, 장시간 착용해도 편안합니다.
- **유연성** : 다양한 기능 버튼을 조정하여 사용자의 필요에 맞게 원하는 움직임을 조절할 수 있어요.
- **다양한 용도** : 의료와 산업 등 여러 분야에서 유용하게 사용됩니다.

이러한 로봇은 우리의 생활을 더욱 편리하고 안전하게 만들어 주는 중요한 기술이 될 거예요.

휴머노이드 로봇

영화 〈빅 히어로 6〉에 나오는 베이맥스 기억하시나요? 베이맥스는 하얀색 공기 풍선 모양을 하고 있는 사랑스러운 로봇이에요. 베이맥스는 주로 사람들의 건강을 돌봐주는 AI 로봇이죠. 이 영화에 나오는 베이맥스처럼 휴머노이드 로봇은 인공지능(AI)과 로봇 공학이 결합된 로봇을 말해요. 이 로봇은 인간처럼 행동하고, 학습하며, 문제를 해결하면서 인간과 같이 집에서 학교에서 그리고 사회에서 생활할 수 있어요.

〈빅 히어로 6〉에 등장하는 휴머노이드 로봇 베이맥스

스스로 학습하고 의사결정

휴머노이드 로봇은 스스로 학습하고, 데이터를 분석하여 성능을 개선해요. 예를 들어, 복잡한 문제를 해결하거나 일상적인 작업을 자동으로 처리할 수 있죠.

감정 인식과 공감

최신 AI 로봇은 인간의 감정을 이해하고 공감할 수 있는 기능도 있어요. 이 기술 덕분에 로봇이 감정적으로 반응하거나, 인간과의 소통을 통해 더 나은 지원을 할 수 있어요.

가정과 생활에서의 역할

미래에는 이런 로봇이 가정에서 함께 생활하며, 우리의 친구처럼 행동할 수 있을지도 몰라요. 예를 들어, 집안일을 도와주거나 가족의 건강을 관리하는 역할을 할 수 있어요.

다양한 분야에서의 활용

휴머노이드 로봇은 가정, 교통, 의료, 긴급출동 서비스 등 다양한 분야에서 우리의 생활을 더 편리하고 효율적으로 만들어줄 수 있답니다. 그 가능성은 무한하다고 보아도 좋을 것 같아요. 인간처럼 말하고 행동할 수 있으니, 인간과 최대한 비슷하고, 더 빠르고, 더 정확하고, 더 잘 해 내려고 할 것 같아요.

윤리적 고민

이러한 로봇들이 우리의 생활에 깊숙이 들어와 같이 생활하게 되면, 인간의 감정과 기존 시스템에 큰 영향을 미칠 수 있어요. 그래서 윤리적 문제와 규제에 대한 고민도 필요하답니다.

균형 잡힌 발전

AI 로봇의 발전은 많은 장점을 가지고 있지만, 인간과 로봇 간의 관계, 그리고 로봇의 사용 방식에 대한 충분한 논의와 규제가 필요하답니다.

로보택시

로보택시는 운전자가 필요 없는 자율주행 택시랍니다. 이 택시는 기계가 스스로 도로를 이해하고, 길을 찾아가면, 승객을 안전하게 목적지까지 데려다 주는 기술을 갖추고 있어요.

현대에서 개발한 로보택시(출처 : Hyundai Worldwide)

스스로 운전

로보택시는 첨단 센서와 AI 기술을 이용해 주변의 도로 상황을 실시간으로 분석해요. 인공지능이 탑재된 기계가 스스로 운전하며, 교통 상황이나 장애물에 즉각적으로 대응한답니다.

편리하고 안전한 이동

지금 서있는 자리에서 버튼 하나로 로보택시를 호출하고 기다리면, 승객의 현재 위치까지 찾아오고 승객이 원하는 장소까지 편하고 안전하게 데려다 줍니다.

개인정보 보호

로보택시가 수집하는 데이터의 보안 문제도 매우 심도 있게 고민되어야 해요. 개인정보 보호와 로보택시에서 수집된 데이터가 안전하게 잘 관리되어야 하는데, 이를 위해서는 세부적인 규제와 법적 문제에 대한 해결 방안까지 깊이 있게 고민되어야 해요.

도심항공교통(UAM : Urban Air Mobility)

UAM은 도시 공중 이동 수단을 말해요. 간단히 말해, 도시에서 하늘을 나는 교통수단이에요. 기존 항공기보다는 낮은 300~600미터 고도에서 주로 비행한답니다. 기존 헬리콥터에 비해 매우 소음이 낮고 드론과 같은 방식으로 수직 이착륙이 가능하고 배터리 파워를 이용하여 도심 속 빌딩 옥상과 옥상을 오가면서 비행을 한답니다.

도심항공교통(출처 : SK하이닉스 뉴스룸)

빠르고 효율적

UAM은 하늘을 날아 다니기 때문에 도로의 혼잡을 피하고, 빠르게 목적지에 도착할 수 있어요.

전기와 자율주행

지상의 로보택시와 같이, 인공지능 자율주행 기술을 사용하여 스스로 하늘을 날 수 있어요.

미래의 가능성

UAM은 지상 교통 체증을 피해 응급환자를 공중으로 빠르게 이송한다거나, 응급 수술에 필요한 장기, 혈액 등을 신속하게 병원으로 운송할 수 있어요. 그리고 고층 빌딩에 화재가 났을 경우에도 빠르게 출동하여 화재가 커져서 큰 재난이 발생하는 것도 방지할 수 있답니다.

안전 그리고 규제

UAM은 하늘을 날아다니기 때문에 안전이 가장 중요해요. 100% 안전한 비행 경로와 충돌 방지 시스템 구축이 필요하답니다. 또한 UAM의 도입을 위해서는 규제와 법적 문제를 해결해야 해요. 미래에는 하늘 위에 수많은 드론, UAM, 비행기, 헬리콥터들이 여러 공기층에 도로처럼 얽혀가며 이동할 거예요. 어떻게 보면 매우 위험하고 혼란스러운 상황이 발생하고 이로 인해 많은 사고와 위험이 발생할 수 있어요. 그렇기 때문에 하늘에서 이동하는 것들 모두를 대상으로 법적으로 안전하고 효율적으로 유지 관리할 수 있는 규제가 필요하답니다.

유전자 편집 기술

유전자 편집 기술은 생물의 설계도라고 할 수 있는 유전자를 수정하는 방법이에요. 유전자는 우리 몸을 어떻게 만들고 작동하게 할지를 결정해요. 이 기술을 사용하면 유전자를 가위로 선택한 부분을 자르고 필요한 유전자로 바꿔서 원하는 특징을 추가하거나 필요 없는 부분을 제거할 수 있어요.

유전자 편집을 통해 과일을 더 맛있고, 더 오래 보관할 수 있게 만들 수 있어요. 예를 들어, 사과가 더 달고 신선하게 오래 유지되도록 만들 수 있어요. 또한 병에 걸린 동물의 유전자를 수정해서 건강하게 해줄 수도 있어요. 예를 들어, 유전자 편집으로 동물의 질병을 예방하거나 치료할 수 있어요.

미래에는 사람의 유전자도 편집해서 병에 걸리지 않도록 도와줄 수 있을 거라고 기대하고 있어요. 이미 걸린 불치병을 치료한다거나 앞으로 다가올 질병을 미리 예방하는 등 다양한 활용이 가능해질 것으로 보여요.

유전자 편집기술은 우리 몸에 큰 영향을 미칠 수 있을 수도 있어요. 그렇기 때문에 매우 신중하게 사용해야 해요. 잘못된 유전자 수정 편집은 예기치 않은 결과를 초래할 수 있기 때문이죠. 또한 유전자 편집기술이 실생활에 보급되어 누구나 쉽게 사용하게 된다면, 그 기술적·문화적 충격이 매우 클 것으로 예상돼요. 현재 사회에서 이 기술을 어떻게 받아들여야 할지 그리고 어떻게 안전하게 유지 관리해 나가야 할지에 대한 깊은 고민도 필요해요. 왜냐하면 이 기술이 한 번 보급되고 나면 누구나 유전자를 수정 편집하여 사용할 수 있게 되기 때문이죠.

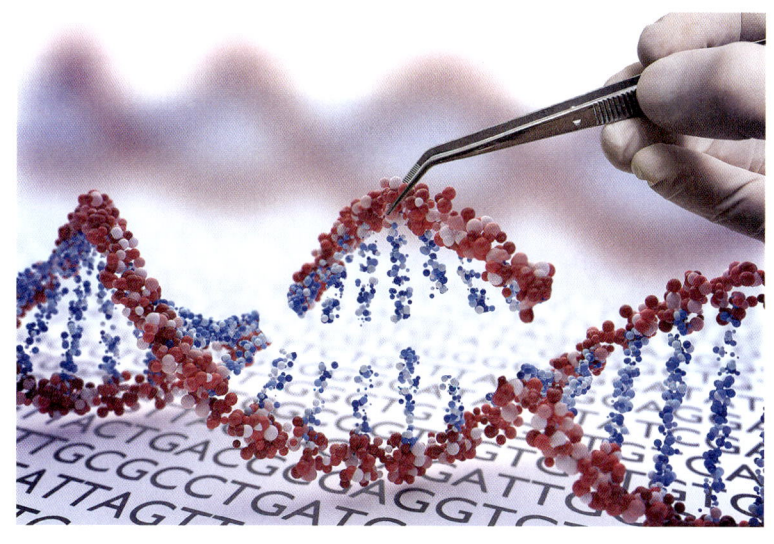

메타버스(Metaverse)

메타버스는 컴퓨터나 스마트폰, 혹은 헤드셋(HMD)을 통해 접속하여 현실을 벗어나 온라인 가상세계에서 생활하는 공간이에요. 온라인 가상공간 메타버스에서는 현실처럼 친구를 만나 대화하고, 게임을 하거나, 심지어 일도 할 수 있어요.

자신을 아바타(캐릭터)로 각기 다른 개성을 표현하고, 온라인 가상 공간을 마음껏 돌아다닐 수 있어요. 메타버스 세상에 준비해 놓은 집을 꾸미거나 다른 사람들과 함께 놀이공원이나 영화관에서 놀거나 학교를 다닐 수도 있어요.

집에 앉아 있으면서도 전 세계 사람들과 만나고 새로운 경험을 할 수 있기 때문에 누구나 쉽게 온라인 메타버스 세상에 접속해서 더 많은 일을 할 수 있을 거예요. 그것도 지금 우리가 현실 세상에서 하는 방식과는 많이 다른 새로운 방식으로 서로 소통하고 즐기고 일할 수 있는 공간이 될 거예요.

디지털 화폐와 새로운 기술

- 아빠, 요즘 디지털 화폐라는 게 있다고 들었어요. 그게 뭐예요?

- 디지털 화폐는 실제로 손으로 만질 수 있는 돈이 아니라, 컴퓨터나 스마트폰에서만 존재하는 돈이야. 우리가 카드로 결제하거나 모바일 앱으로 돈을 송금할 때 사용하는 것도 디지털 화폐의 한 종류지.

- 아, 그러니까 디지털 화폐는 실물 돈 없이도 거래할 수 있는 거군요. 어떻게 가능한 거죠?

- 맞아. 디지털 화폐는 인터넷을 통해 거래되기 때문에 물리적인 돈 없이도 거래할 수 있어. 예를 들어, 카드로 결제하거나 모바일 앱으로 송금할 때 실제 돈이 없어도 문제가 전혀 되지 않지.

- 그러면 비트코인도 디지털 화폐의 일종인가요?

- 맞아, 비트코인은 암호화폐라고 불리는 디지털 화폐의 한 종류야. 일반 디지털 화폐는 은행을 통해 거래되지만, 암호화폐는 블록체인이라는 기술을 사용해서 중앙은행 없이도 개인간 거래를 할 수 있어.

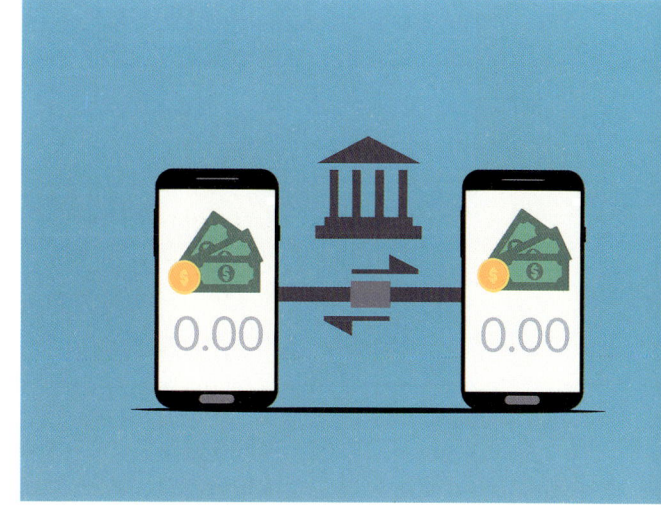

- 블록체인이라는 게 뭐예요?

🧑 블록체인은 거래 기록을 블록이라는 작은 단위로 나눠서 여러 컴퓨터에 동시에 저장하는 기술이야. 이렇게 하면 한 컴퓨터가 해킹 당하더라도 전체 기록은 안전하게 보호될 수 있어.

🧑 그래서 블록체인 덕분에 거래가 안전하게 되는 거군요. 이해됐어요!

🧑 맞아, 블록체인 덕분에 거래가 훨씬 안전하고 신뢰할 수 있게 되는 거지. 그리고 앞으로는 디지털 화폐와 블록체인 기술이 더 널리 사용될 거야.

🧑 20년 후에는 화폐가 어떻게 변할까요?

🧑 미래에는 디지털 화폐가 훨씬 더 많이 사용될 거야. 정부가 발행하는 중앙은행 디지털 화폐(CBDC : Central Bank Digital Currency)나, 더 빨라질 블록체인 기술 덕분에 더 안전하고 편리한 거래가 가능해질 거야. 그리고 현금 없는 사회가 되어 모든 거래가 디지털로 이뤄질 수도 있단다.

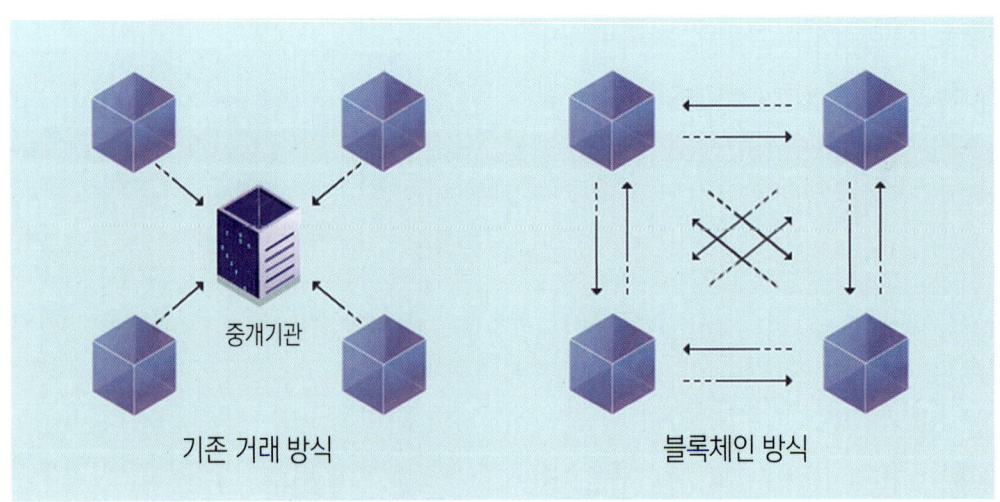

블록체인개념도(출처 : 한국전자통신연구원)

핀테크 & 디지털 지갑:

- 아빠, 디지털 지갑이라는 게 뭔가요?

- 디지털 지갑은 스마트폰이나 태블릿에 모든 돈을 저장하는 방법이야. QR 코드나 NFC(Near Field Communication/무선 근거리 통신) 기술을 이용해서 결제할 수 있어. 예를 들어, 매장에서 물건을 사거나 친구에게 돈을 보낼 때 스마트폰을 사용하는 거지.

- 이런 것을 핀테크 기술이라고 한단다.

- 핀테크 기술? 핀테크가 뭐예요?

- 핀테크는 금융(Finance)과 기술(Technology)을 합친 말로, 돈을 관리하거나 거래할 때 사용하는 기술을 말한단다. 보통 위에서 말한 모바일 결제 앱이나 디지털 지갑을 우리는 핀테크 기술이라고 말해.

- 아, 스마트폰으로 돈을 더 쉽게 관리할 수 있게 해주는 거군요?

- 맞아. 핀테크 기술 덕분에 스마트폰으로 돈을 훨씬 편리하게 관리하고 투자까지 할 수 있어.

- 투자도 가능해요?

- 물론이지! 스마트폰에 주식 투자 앱을 설치하고, 아빠가 쓰는 은행 앱에서 쉽게 돈을 송금해서 손가락 터치 한 번으로 관심 있는 기업에 투자할 수 있단다.

새로운 결제 시스템

- 최근 새롭게 등장한 핀테크 기술에는 또 뭐가 있나요?

- 새로운 결제 시스템 중에는 얼굴 인식이나 지문 인식으로 결제하는 방법이 있어. 이렇게 하면 더 빠르고 안전하게 결제할 수 있어. 얼굴을 스캔하거나 지문을 찍으면 결제가 바로 완료되지.

- 최근에는 손톱에도 신용카드를 넣어서 사용하고 있단다.

- 손톱에 어떻게 신용카드를 넣어요?

- 신용카드에 들어가는 모든 칩과 안테나를 초소형으로 만들고 그 기능을 최대화시키면 네일샵에서도 이런 손톱 신용카드를 만들고 붙일 수 있지.

현금 없는 사회

 와 정말 신기해요. 아빠 그럼 앞으로는 현금이 거의 사라질 수도 있겠네요?

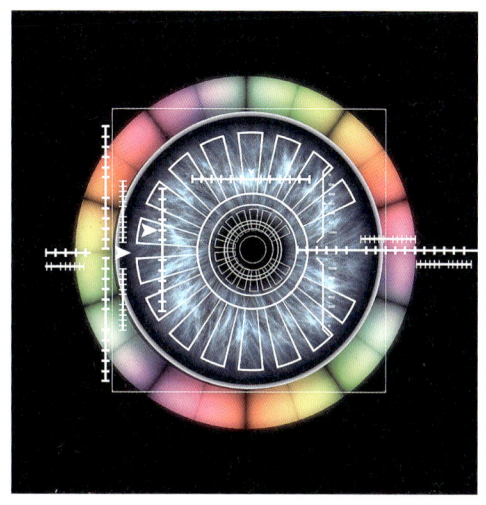

 맞아. 현금 없는 사회에서는 지폐나 동전을 거의 사용하지 않고, 모든 결제를 스마트폰이나 새로운 형태의 카드로 하게 될 거야. 아마도 아주 가까운 미래에는 홍채, 지문, 그리고 손톱 안의 칩으로 신용카드를 대신해서 사용하는 모습을 쉽게 볼 수도 있게 될 거야.

 손톱 신용카드. 이렇게 되면 돈을 잃어버리지도 않겠어요.

 그렇지. 돈을 도난 당할 위험도 걱정도 없이 지금보다 좀더 편하게 그리고 더 안전하게 돈을 사용할 수 있게 될거란다.

우리의 미래는 지금보다 훨씬 더 흥미롭고 놀라운 기술들로 가득할 거예요. 전기 자동차와 에너지 저장 기술의 발전을 기반으로, 인공지능과 로봇이 일상 속으로 들어오고, 자율주행 로보택시와 도심 항공 교통 수단이 현실이 되며, 블록체인 기술을 통한 새로운 경제 활동이 펼쳐지겠죠. 이런 혁신 기술들이 융합되어 유전자 분석이 우리의 건강과 생활을 획기적으로 바꾸고, 가상세계에서는 디지털 트윈 환경에서 새로운 경험을 하게 될 거예요. 이 흥미로운 미래로 함께 나아가요.

미래를 이끌어갈 유망 기업 이야기

이렇게 기술이 발전하면서 우리의 삶이 어떻게 변해왔고, 앞으로 어떻게 변할지 이해하는 건 정말 흥미롭지 않을 수 없어요!

그렇다면 우리는 어떤 기업에 우리 용돈을 장기 투자해야 할까요? 과거에는 철도, 자동차, 전화 같은 것들이 혁신 기술이었어요. 증기 기관, 철도, 전기, 자동차, 전화 등이 세상을 바꾸었지만, 이제 이런 산업은 미래의 자리를 새로운 혁신 기술들에게 내주어야 하는 산업군이 되었지요.

지금은 인터넷이 큰 역할을 하고 있고, 앞으로는 블록체인, 유전체 분석, 로봇 공학, 에너지 저장, 인공지능 같은 새로운 기술들이 세상을 더 많이 바꿀 거예요. 우리가 주목해야 할 기업들은 바로 블록체인 기술(암호화폐), 유전자 관련 기업, 로봇 공학, 에너지 저장 등 혁신적인 기술을 가진 기업들이에요. 이런 기업들을 찾아 공부하고, 우리 용돈을 장기적으로 투자하는 것이 중요하죠.

그리고 꼭 포함해야 할 혁신 미래 기술은 바로 전기자동차와 인공지능이에요. 더 나아가 생각해 본다면, 양자 컴퓨터라는 새로운 세대의 혁신적인 컴퓨터 기술도 주목할 만한 기술이랍니다.

전기자동차(EV) 시장을 이끌고 있는 테슬라

테슬라(Tesla)는 전기자동차(EV)를 만드는 회사로, 이 분야에서 가장 앞서가고 있어요. 테슬라는 전기차의 '배터리' 기술이 뛰어나서, 한 번 충전하면 멀리까지 갈 수 있고, 충전 시간도 줄일 수 있답니다.

또한 테슬라에는 차가 스스로 운전할 수 있는 '자율주행' 기술, 즉 FSD(Full Self

테슬라의 충전 기술(출처 : Penn Today)

Drive) 기술이 있어요. 이 기술 덕분에 운전자가 핸들을 잡지 않아도 차가 스스로 길을 찾아가고, 주차도 할 수 있어요. 이 기능은 계속 발전하고 있어서, 미래에는 차가 알아서 모든 걸 할 수 있는 시대가 올지도 몰라요.

테슬라 차는 오버 더 에어(OTA : Over-The-Air) 소프트웨어 기능을 가지고 있어요. 이 기능을 통해서 최신 추가된 기능을 자동차에 업그레이드할 수 있어요. 이것은 마치 스마트폰이 업데이트되는 것과 비슷해요. 테슬라 차량도 새로운 버전의 소프트웨어가 준비되면 바로 업데이트를 할 수 있기 때문에, 계속 더 똑똑해지고 성능이 개선될 수 있답니다.

테슬라의 대표적인 모델로는 고급 스포츠 세단인 모델 S가 있고, 보다 저렴하게 많은 사람들이 살 수 있는 보급형 세단 모델 3도 있어요. 또한 가족을 위한 큰 SUV 모델 X와 전 세계 EV 시장에서 가장 인기가 많은 SUV 전기차 모델 Y도 있지요. 그리고 테슬라는 미래적인 디자인의 전기 픽업트럭인 '사이버트럭'도 만들어 방탄기능뿐만 아니라 오프로드에서도 강한 성능을 보여주고 있답니다.

이렇게 테슬라는 전기차와 자율주행 기술을 통해, 더 안전하고 친환경적인 미래의 교통수단을 만들어가고 있어요.

테슬라에서 개발한 사이버트럭

에너지 저장 시스템의 선두주자 테슬라

 우리가 매일 사용하는 전기는 그냥 공기 중에 떠다니는 게 아니란다. 전기는 발전소에서 만들어져서, 우리가 필요할 때 쓰게 되는 거지. 하지만 전기가 계속 만들어지지는 않기 때문에, 필요할 때 쓸 수 있도록 미리 저장해 두는 게 중요해. 그래서 '에너지 저장 장치(ESS : Energy Storage System)'라는 큰 배터리가 필요한 거야. 쉽게 말하면, ESS는 스마트폰이나 태블릿의 배터리가 떨어졌을 때 충전된 보조 배터리가 필요한 것처럼, 산업 현장에서도 전기를 미리 저장해 두고 필요할 때 꺼내 쓸 수 있게 해주는 역할을 한단다.

테슬라는 이런 ESS를 아주 잘 만드는 회사야. 특히 '메가팩'이라는 에너지 저장 장치를 만들어서 유명해졌지. 테슬라의 ESS는 전기를 저장해 두었다가 나중에 필요한 곳에 공급해주는 큰 배터리들이야. ESS는 크기와 사용 용도에 따라 세 가지 종류가 있는데, 이제 가장 큰 것부터 차례대로 설명해 줄게.

메가팩 (Megapack)

메가팩은 가장 큰 에너지 저장 장치(ESS)야. 학교 운동장만한 크기의 엄청난 배터리라고 상상하면 돼. 이 메가팩은 정말 큰 전력망에서 사용하는데, 많은 전기를 저장하고 필요할 때 쓸 수 있도록 도와주지. 주로 태양광이나 풍력 같은 재생 에너지원에서 생산된 전기를 저장해서, 전력망이 안정적으로 작동할 수 있게 해주는 역할을 한단다.

그렇게 큰 배터리가 있으면 정말 많은 전기를 저장할 수 있겠네요. 그럼 이런 배터리는 어떤 장소에 설치돼요?

메가팩(출처 : 테슬라 홈페이지)

 전력이 부족하거나 송전탑을 설치하기 어려운 곳에서 주로 사용한단다. 예를 들어, 북극이나 정글, 사막 같은 접근이 어려운 환경에 있는 중요한 시설들은 전기가 끊기면 안 되잖아. 그런 곳에서도 안정적으로 전력을 공급하기 위해 메가팩 같은 대규모 에너지 저장 장치가 꼭 필요하지.

 조금 작은 것들도 있어요?

파워팩 (Powerpack)

 맞아! 파워팩은 메가팩보다는 작지만, 그래도 꽤 큰 배터리야. 주로 큰 건물이나 공장 같은 곳에서 사용돼. 이 파워팩은 중간 규모의 전기를 저장하고 관리할 수 있게 해주는데, 여러 개를 연결하면 더 많은 전기를 저장할 수도 있단다.

 큰 건물이나 공장에서 왜 파워팩이 필요한 거죠?

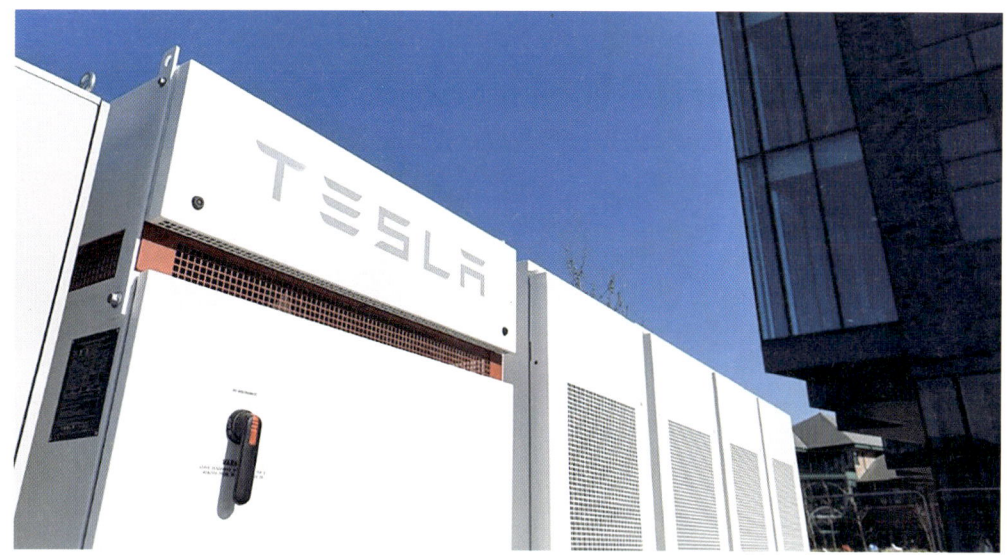

파워팩(출처 : 테슬라 홈페이지)

 대부분 공장이나 큰 건물에는 대량의 전력이 필요하단다. 만약 생산 공장의 전력 사용량이 많아지거나 공급받는 전력이 불안정하게 되면 생산이 중단되어 생산 일정에 큰 차질이 생길 수 있지. 그래서 파워팩 같은 저장 장치에 전기를 미리 저장해 놓고 필요할 때 즉시 사용할 수 있단다.

 그럼 가정용 저장 장치는 없나요?

파워월 (Powerwall)

 있지! 마지막으로 가장 작은 저장 장치인 파워월을 설명해 줄게. 파워월은 가장 작은 배터리 장치로 주로 집에서 사용한단다. 집에서 태양광 패널로 전기를 만들고, 그 전기를 파워월에 저장해 놓고 밤에 쓸 수 있지. 그래서 전기 요금을 줄일 수 있고, 정전이 됐을 때도 전기를 쓸 수 있어 매우 편리

파워월(출처 : 테슬라 홈페이지)

한 가정용 소형 전기 저장 장치란다.

- 음. 그러니까, 메가팩은 큰 전력망, 파워팩은 큰 건물, 파워월은 집에서 사용하는 거군요?

- 정확해! 이렇게 각기 다른 크기의 배터리를 사용해서 전기를 저장하고 관리하면, 에너지를 더 효율적으로 사용할 수 있고, 환경도 보호할 수 있단다.

- 그럼 전기자동차도 파워월 ESS로 충전할 수 있어요?

- 그럼. 낮에는 지붕에 있는 태양광 패널에서 태양 에너지를 전기로 만들어서 파워월에 저장하고, 밤이 되면 이미 저장된 전기를 사용해서 차고에 있는 전기차도 충전할 수도 있단다.

- 태양 에너지를 이용하는 거니까 환경에도 좋고, 지구 온난화 문제 해결에도 도움이 많이 될 것 같아요.
- 맞아. 그렇단다.

휴머노이드 시장을 이끄는 테슬라

- 테슬라는 최근 '옵티머스'라는 휴머노이드 로봇을 만들고 있단다. 이 옵티머스는 인간과 정말 비슷한 움직임을 보여 주는데, 요즘 사람들에게 많은 관심을 받고 있는 로봇 중 하나란다.
- 옵티머스? 그게 뭐 하는 로봇이에요?
- 옵티머스는 인공지능 휴모노이드 로봇이야. 사람처럼 두 발로 걷고, 팔도 움직일 수 있지. 그래서 사람처럼 다양한 작업을 수행할 수 있고 사람들에게 많은 도와줄 수 있는 인간 형태의 인공지능 로봇이야.
- 그럼 옵티머스는 어떤 일을 할 수 있어요?
- 옵티머스는 여러 가지 일을 할 수 있단다. 예를 들어, 가정에서는 간단한 집안일을 도와줄 수도 있고, 청소나 빨래도 가능하지.
- 로봇이 어떻게 빨래를 해요?
- 최근 업데이트된 옵티머스는 손가락 관절의 움직임이 사람과 비슷해져서, 계란을 집어 올리고 내리는 것뿐만 아니라, 빨래를 바구니에서 꺼내

정교하게 개는 움직임도 보여줬단다.

🧑 와, 정말요? 대단하네요!

👨 그렇지? 생산 공장에서는 물건을 옮기거나, 단순하지만 지속적으로 해야 하는 일들, 또는 사람이 하기 어렵고 위험한 일들을 테슬라의 옵티머스 휴머노이드 인공지능 로봇이 대신할 수 있단다.

🧑 옵티머스는 어떻게 사람처럼 움직일 수 있어요?

👨 옵티머스는 많은 센서와 카메라를 가지고 있어서 주변을 잘 인식할 수 있어. 또, 테슬라의 자율주행 기술을 활용해 주변을 탐색하고 안전하게 움직일 수 있단다. 이 자율주행(FSD) 기술과 옵티머스의 보행기술(걷는 기술)은 동일한 알고리즘(문제를 해결하기 위한 규칙이나 방법)으로 작동

테슬라에서 개발한 휴머노이드 로봇

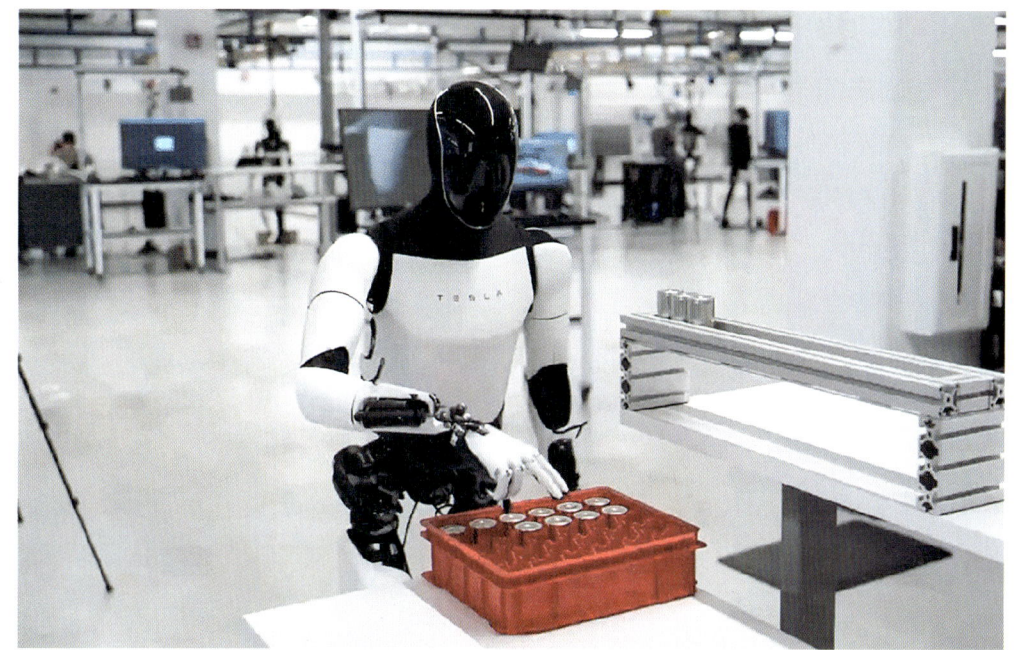

휴머노이드 로봇 옵티머스(출처 : TESLA 홈페이지)

해. 그래서 장애물이 있거나, 어떤 상황이 발생해도 스스로 적절하게 반응하고 해결할 수 있는 거야.

 그럼 옵티머스는 언제 사용할 수 있을까요?

 현재 옵티머스는 개발 단계에 있지만, 아주 가까운 미래에는 공장이나 사무실, 가정 등에서 널리 사용될 수 있을 거야. 보도에 따르면, 2024년 말에는 1,000대의 옵티머스가 테슬라 공장에 투입될 계획이란다. 아빠 생각에는 2025년쯤에는 옵티머스가 우리 생활에 들어 올 것으로 기대하고 있단다.

 그럼 옵티머스가 있으면 사람들이 더 편리하게 일할 수 있겠네요?

🧑 맞아! 옵티머스 같은 로봇이 있으면 사람들이 더 안전하고 효율적으로 일할 수 있고, 지루하거나 힘든 일들은 로봇이 대신해 줄 수 있어. 그렇게 되면 사람들은 더 창의적이고 중요한 일에 집중할 수 있을 거야.

👦 정말 신기하고 신나요! 아빠, 옵티머스가 나오면 한 대 사주세요!

🧑 아니 그건 좀….

사람을 돕는 로봇 공학 기술을 이끄는 보스턴다이나믹스

🧑 희망이가 알고 있는 로봇 공학에 대해 얘기해볼까?

👦 로봇 공학은 사람들이 일을 더 쉽게 도와주는 기계를 만드는 기술이 아닌가요?

🧑 정확한 걸! 그럼, 이런 로봇 공학 기술을 아주 잘하고 있는 글로벌 기업에 대해서 이야기해볼까? 그 회사는 바로 보스턴 다이나믹스(Boston Dynamics)라는 회사야.

보스턴 다이나믹스의 로봇
(출처 : 보스턴 다이나믹스 홈페이지)

266　미래산업에 투자하라

- 회사 이름이 보스턴인데, 위치가 미국 보스턴에 있나요?

- 맞아. 보스턴 다이나믹스는 미국 보스턴에 본사를 두고 있는 회사란다.

- 보스턴 다이나믹스에서는 어떤 로봇을 만들어요?

- 보스턴 다이나믹스는 다양한 로봇을 만드는데, 특히 사람처럼 걷고 뛰는 로봇으로 매우 유명하단다. 예를 들어, '빅독(BigDog)'이라는 로봇은 개처럼 걷고, 무거운 짐도 실어 나를 수 있어. 또, '스팟(Spot)'이라는 로봇은 네 발로 걷고 장애물도 쉽게 넘을 수 있는 로봇이란다.

- 와, 그럼 보스턴 다이나믹스의 로봇들은 어떤 데 사용돼요?

- 보스턴 다이나믹스의 로봇들은 다양한 곳에서 사용된단다. 예를 들어, 위험한 장소에서 사람 대신 로봇이 작업을 하거나, 물건을 옮기고, 심지어 구조 작업에도 도움이 될 수 있어. 이런 로봇들은 사람들을 도와서 더 안

물류작업을 하는 로봇 (출처 : 보스턴 다이나믹스 홈페이지)

전하고 효율적으로 일을 할 수 있게 해주지.

오, 정말 멋져요! 그러면 보스턴 다이나믹스는 어떻게 로봇을 이렇게 잘 만들 수 있는 거예요?

보스턴 다이나믹스는 로봇이 움직이는 방식과 센서를 잘 연구해서, 로봇이 사람이나 강아지처럼 모든 관절들이 자연스럽게 움직이도록 만드는 데 많은 노력을 기울이고 있단다. 실시간으로 감지된 상황에 맞는 다양한 모터들을 이용하여 독특한 관절의 움직임을 만들어내고, 이런 움직임 덕분에 복잡하고 위험하며 지루한 작업들도 사람 대신 잘 수행할 수 있지.

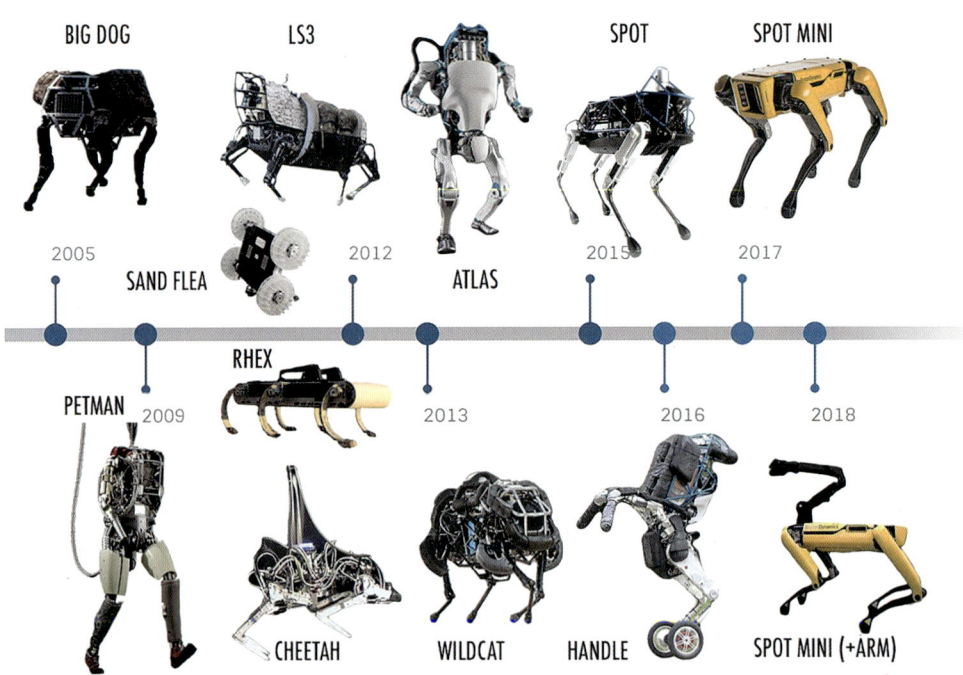

보스턴 다이나믹스 로봇의 발전과정 (출처 : Parametric Architecture)

- 그럼 앞으로는 로봇이 우리 생활에서 더 많이 사용될 수 있겠네요.

- 맞아! 로봇 공학이 발전하면 로봇이 사람들을 더 많이 도와줄 수 있고, 우리의 생활이 더 편리하고 안전해질 거야

- 그럼, 아빠! 이런 로봇 공학에 생성형 AI를 결합하면 활용도가 더 높아지지 않을까요?

- 그렇지! 그것이 바로 인간과 거의 흡사하게 생각하고 판단하며 움직이는 휴머노이드 로봇이야.

- 휴머노이드 로봇!

- 맞아. 보스턴 다이나믹스처럼 특정 전문 작업을 수행하는 로봇도 있지만, 우리의 일상적인 생활에 인간과 동일한 형태로 정서적으로 친숙한 도움을 줄 수 있는 휴머노이드 로봇들도 있단다. 이런 로봇들은 인간과의 상호 작용을 더 자연스럽고 친근하게 만들어주지.

로보택시 시장을 확대해 나가고 있는 웨이모

- 희망아 미국 조지아주 애틀랜다에서는 이미 로보택시 서비스가 시작되었다고 하면 믿겠니?

- 로보택시? 그게 뭐예요?

로보택시 (출처 : WAYMO)

 로보택시는 AI가 도로 상황을 판단해 스스로 운전하는 신 개념 이동수단이란다. 택시처럼 생겼는데 운전하는 기사님은 없고, 인공지능 로봇이 대신 운전하는 무인 택시 서비스란다. 웨이모(Waymo)라는 회사는 구글의 모회사인 알파벳(Alphabet)에서 운영하는 자율주행 기술 개발 회사인데, 이 회사가 세계 최초로 자율주행 택시 서비스를 시작했단다. 웨이모의 차량은 라이다(LiDAR)라고 불리는 레이저 센서를 사용해 주변 환경을 3D로 스캔하며 스스로 운전을 한단다.

 아빠 테슬라에서도 로보택시 서비스를 한다고 하지 않았나요?

 맞아! 테슬라는 전기차로 아주 유명하지. 하지만 테슬라는 단순히 전기차만 만드는 게 아니야. 자율주행이라는 기술을 사용해서 로보택시도 만들려고 하고 있어. 아마 2024년 말에는 만나 볼 수 있을 것 같구나.

그럼 아빠 웨이모 로보택시와 테슬라 로보택시는 어떤 점이 다른가요?

웨이모 로보택시는 자율주행을 위해 라이다(LiDAR)라는 센서를 사용하고, 테슬라 로보택시는 라이다 대신 8개 이상의 카메라를 사용한단다.

테슬라 자율주행 차는 왜 라이다를 안 쓰고 카메라를 사용하나요?

웨이모에서 사용하는 라이다 센서의 가격이 너무 비싸기 때문이야. 그래서 테슬라의 CEO 일론 머스크는 라이다 센서 없이, 가격이 훨씬 저렴한

카메라 기반의 오토파일럿 시스템(출처 : TESLA)

카메라 센서만으로 완전 자율주행을 구현하려고 노력하고 있단다.

- 아! 그러면 라이다 센서 가격이 비싸서 저렴한 카메라 센서를 사용하는 거군요.

- 맞아. 그렇게 되면 더 저렴하게 많은 로보택시를 만들어 시장에 보급할 수 있게 되겠지?

- 그럼 카메라 센서로만 완전 자율주행이 가능한 거예요?

- 테슬라가 열심히 노력하고 있으니 가능할 것으로 보이는데, 아빠도 정말 빨리 만나보고 싶구나.

생성형 AI 기술을 이끌고 있는 오픈 AI

- 요즘 챗GPT의 등장 이후로 인공지능 산업이 매우 빠르게 발전하고 있단다. 챗GPT는 인공지능 기능 중에서도 생성형 AI(Generative AI)에 속해. 이 AI 기술은 컴퓨터나 스마트폰에 탑재된 AI가 스스로 글을 쓰거나 그림을 그려주는 똑똑한 기술이야. 최근 여러 회사들이 생성형 AI 기술을 개발하고 있는데, 그 중 대표적인 기업이 오픈AI(OpenAI)가 있단다.

- 인공지능에는 어떠한 기술들이 있어요?

- 음. 좀더 쉽게 설명하자면, 생성형 AI(인공지능)는 주로 핸드폰에서 글을 만들거나 대화하는 데 사용된단다. 반면에 휴머노이드 AI(인공지능)는 실

영상을 생성하는 AI인 소라(Sora) (출처 : OpenAI)

제 로봇 형태로 사람처럼 보이고 행동해. 생성형 AI는 디지털 스크린(화면)에서만 활동하지만, 휴머노이드 AI는 물리적으로 움직이고 사람들과 상호작용할 수 있단다.

아, 이해했어요! 생성형 AI는 글을 쓰거나 대화하는 로봇, 휴머노이드 AI는 사람처럼 행동하는 로봇이군요?

최근 오픈AI에서는 글이나 그림을 생성하는 챗GPT 외에도 영상도 생성하는 AI인 소라(Sora)를 시장에 내놓았단다.

동영상을 AI가 만들어낸다고요? 와, 대단하네요. 어떻게 만들어요?

오픈AI의 새 인공지능 모델인 '소라'로 영상을 제작하려면 '프롬프트'라는 자세한 명령어를 잘 써주면 된단다.

 프롬프트? 그게 뭐예요?

 프롬프트는 인공지능이 사용자의 요구 사항에 맞는 결과물을 만들 수 있도록 도와주는 지시 명령어란다. 예를 들어, 소라에게 다음과 같은 프롬프트를 주면 영상이 만들어지지.

'한 세련된 여성이 따뜻하게 빛나는 네온과 생동감 넘치는 도시 간판으로 가득한 도쿄 거리를 걷고 있습니다. 그녀는 검은색 가죽 재킷, 긴 빨간색 드레스, 검은색 부츠를 착용하고 검은색 지갑을 들고 있습니다. 그녀는 선글라스를 쓰고 빨간 립스틱을 발랐습니다. 그녀는 자신감 있고 자연스럽게 걷습니다. 길은 축축하고 반사되어 화려한 조명이 거울 효과를 만들어냅니다. 많은 보행자가 걸어갑니다."라고 내용을 입력하면 아래와 같은 영상이 생성된단다.

챗GPT, SORA 너무 복잡해요.

 그럼 더 간단히 정리해 줄게.

OpenAI에서 만든 생성형 AI의 종류

- **챗GPT** : 글을 읽고 쓰는 AI로 사람처럼 자연스럽게 대화가 가능하고, 우리가 질문을 하면 대답해줘요.
- **달리(DALL-E)** : 그림을 그리는 AI, 우리가 상상하는 장면이나 그림을 요청하면 이미지를 생성해줘요.
- **소라(SORA)** : 음성으로 대화가 가능하고 사용자 요청에 따라 영상을 생성해줘요.

 아, 이제 알겠어요. 한마디로 정리하면, 챗GPT는 글로 대화하고 정보를 찾아주고, 달리는 설명을 그림으로 만들어주고, 소라는 목소리 명령을 이해하고 영상도 제작해주는 거네요.

- 맞아! 정확하게 이해했는걸.

- 하하! 재밌네요.

- 갑자기 왜 웃어, 희망아?

- 그럼 제가 힘들어하는 숙제나 공부도 챗GPT랑 달리, 소라에게 맡기면 좋겠다는 생각을 해봤어요.

- 이런! 공부는 네가 직접 해야지. 다만 공부하는 데 필요한 일부분은 인공지능의 도움을 받는 것도 좋을 것 같구나.

- 챗GPT에게 궁금한 걸 물어보면 똑똑하게 답해주니, 네이버나 구글에서 검색하는 것보다 바로 챗GPT에게 물어보면 되겠네요. 그러면 검색하는 데 시간을 낭비하지 않아도 되겠죠?

- 맞아. 하지만 챗GPT가 모든 것을 100% 정확하게 알려주는 건 아니니, 항상 정보를 직접 검증하는 작업이 필요하다는 점도 기억해야 한단다.

- 네. 알겠어요.

블록체인 기술을 다양하게 개발하고 있는 IBM, 아마존

- 희망아, 예전에 블록체인 기술에 대해 이야기한 적 있지? 기억나니?

- 네, 기억나요. 비트코인이 블록체인 기술로 만든 디지털 동전이잖아요.

- 맞아. 이번에는 블록체인 기술을 가장 잘 활용하고 있는 글로벌 기업들과 그 기술에 대해 이야기해볼까 해. 현재 IBM과 아마존이 다양하고 새로운 블록체인을 활용한 제품들을 출시하면서 기술 보급을 위해 노력하고 있단다.

- 아빠. 어떤 제품과 서비스를 제공하나요?

- 음. 예를 들자면, IBM은 블록체인 기술을 이용해 글로벌 무역에서 사용되는 모든 컨테이너를 추적하고 관리할 수 있는 강력한 생태계를 구축하고 있어. 또 식품 안전을 위해 블록체인 기술을 활용하여 식품이 어디에서, 누가, 언제, 어떤 방법으로 이동했는지를 추적할 수 있는 환경도 제공한단다.

- 그러면 이마트의 야채나 고기들도 블록체인으로 다 추적되겠네요?

- 맞아! 만약 문제가 발생하면 블록체인 기술을 통해 모든 과정을 투명하게 검토하고 추적하여 원인을 쉽게 찾을 수 있지.

IBM Sterling Transparent Supply   IBM Food Trust

블록체인 기술을 활용한 새롭고 다양한 제품과 서비스 (출처 : IBM)

🧒 와! 블록체인 기술이 비트코인만 있는 줄 알았는데, 활용 범위가 훨씬 넓은 것 같아요.

👨 아마 비트코인과 같은 암호화폐는 전체 블록체인 기술의 1/10에서 1/20 정도밖에 되지 않을 거야!

🧒 그럼 아마존은 어떤 블록체인 기술을 제공하나요?

👨 아마존은 '하이퍼 패브릭'이라는 블록체인 서비스를 공급한단다. 이 서비스는 기업이나 은행들이 데이터를 블록체인 네트워크 안에서 안전하게 저장하고 관리할 수 있도록 도와줘. 이를 통해 기업이나 은행은 서로 정보를 쉽게 공유하고, 거래도 안전하게 할 수 있지. 그래서 여러 회사가 함께 프로젝트를 수행할 때 아마존의 하이퍼 패브릭 서비스를 이용하면 각자의 정보를 블록체인에 안전하게 저장하고 공유할 수 있어.

🧒 조금 어렵네요. 간단히 말하면 블록체인 기술 환경에서 안전하게 정보를

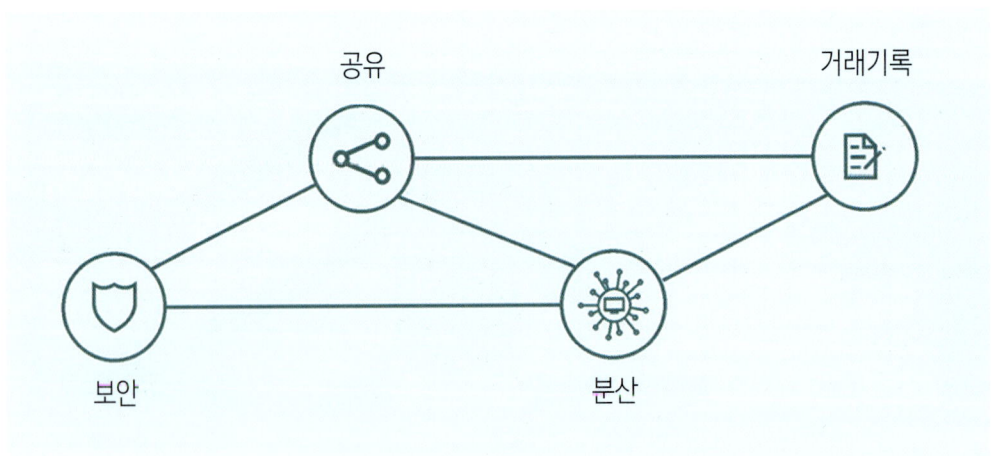

블록체인 개념도(출처 : Microsoft)

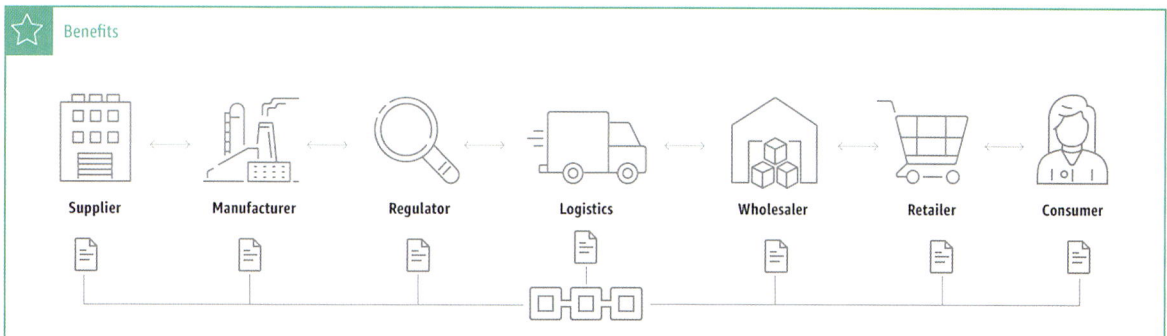

아마존 AWS 블록체인 기술 서비스(출처 : 아마존)

공유하고 거래한다는 말이죠?

 맞아.

아빠, 그럼 이런 기술은 정확히 어떤 곳에 사용되는 거죠?

자동차의 경우, 부품 구매에서 조립, 검사, 판매, 유통, AS, 그리고 고객 만족도 조사까지 모든 과정을 관리할 수 있어. 이와 같은 방식으로 블록체인 기술을 적용하면 추가적으로 에너지, 소비재, 금융 서비스, 게임 산업, 의료 서비스, 생명공학, 미디어, 엔터테인먼트, 스포츠, 통신, 여행 분야까지 다양한 분야에서 활용할 수 있단다.

그럼 블록체인 기술도 앞으로 계속해서 더 발전하겠네요.

아빠 생각에는 지금 우리가 신용카드를 쓰는 것처럼 블록체인 기술이 우리 생활에서 많이 사용될 것 같구나.

와, 정말 대단해요! 블록체인 기술이 너무 어려워서 발전이 어렵겠다 싶었는데, 이렇게 발전해 나간다고 하니 신기하기도 하고 너무 기대돼요.

앞으로도 블록체인 기술이 어떻게 우리 생활을 바꾸어 나가는지 계속 지켜보자꾸나.

도심항공교통의 기술을 선도하는 조비 애비에이션

희망아, 'UAM'이라는 말을 들어본 적 있지?

이전에 아빠랑 같이 공부 했잖아요? UAM.

UAM은 'Urban Air Mobility'의 줄임 말로, 도심 항공 모빌리티라고도 해. 쉽게 말해서, 하늘을 나는 택시나 드론 같은 걸 이용해서 도심에서 사람들을 빠르게 이동시키는 기술과 서비스를 말한단다.

UAM은 누가 잘 만들어요?

UAM을 만드는 회사 중에서 아주 유명한 회사가 하나 있어. 바로 '조비 애비에이션(Joby Aviation)'이라는 회사란다.

소비 애비에이션?

조비 애비에이션은 전기 수직 이착륙기(eVTOL)라는 특별한 항공기를 개발하고 있단다. 이 항공기는 비행기보다는 작고, 드론보다는 큰 크기의 UAM인데, 헬리콥터처럼 수직으로 이륙하고 착륙할 수 있어. 또 비행기처럼 빠르게 날 수 있지. 게다가 전기로 움직이니까 환경에도 좋고, 소음도 적어서 도심에서 사용하기에 딱이지.

UAM (출처 : Jovyaviation)

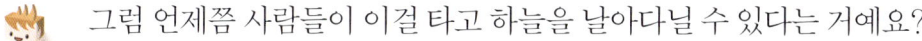 그럼 언제쯤 사람들이 이걸 타고 하늘을 날아다닐 수 있다는 거예요?

조비 애비에이션은 2025~2026년 쯤 상용 택시 서비스를 시작하는 걸 목표로 하고 있단다. 그때가 되면 도심에서 하늘을 나는 택시를 실제로 볼 수 있을지도 몰라.

와, 진짜 멋지네요! 그럼 UAM이 나중에 앰뷸런스나 소방차에도 적용되면 정말 좋을 것 같아요.

정말 좋은 아이디어구나! 만약 앰뷸런스나 소방차가 하늘을 난다면, 도로에서 교통 체증에 걸리지 않고 사람들을 더 빨리 도울 수 있을 거야. 그럼 이것들을 뭐라고 부를까?

'에어 앰뷸런스' '에어 소방차'라고 부르면 어떨까요? 이렇게 UAM이 에

미래를 이끌어갈 유망 기업 이야기　281

(출처 : Jovyaviation)

어 앰뷸런스나 에어 소방차로 사용되면, 아픈 사람을 좀 더 빨리 병원에 데려갈 수 있고, 불도 더 빨리 끌 수 있을 것 같아요.

 그렇지!

 그리고 높은 건물에서 화재가 발생했을 때 소방차가 도로에서 기다리지 않고 하늘을 날아 바로 건물 위나 옆에 도착할 수 있을 것 같아요. 이렇게 되면 소방관들이 더 빠르게 불을 끄고, 사람들을 구조할 수 있지 않을까요? 그리고 하늘에서 물을 뿌리는 모습도 볼 수 있겠네요. 사람도 구하고. UAM 시대가 빨리 왔으면 좋겠어요. 너무 기대되요.

 현재 조비 애비에이션은 두바이 도로교통청과 2026년도 초까지 아랍에 미레이트 항공 택시 서비스를 시작하기로 최종 계약을 한 상태란다.

정말 기대돼요! 나중에 저도 두바이 여행가서 꼭 한번 타보고 싶어요!

 그러면 2026년에는 두바이로 여행 갈까?

유전자 분석 & 편집 기술을 이끌어 가고 있는 일루미나 그리고 크리스퍼 테라퓨틱스

 '일루미나(Illumina)'와 '크리스퍼 테라퓨틱스(CRISPR Therapeutics)' 라는 회사 들어본 적 있니? 이 두 회사가 유전자 분야에서 각각 다른 방식으로 혁신을 이루고 있단다. 조금은 어렵지만 함께 하나씩 살펴볼까?

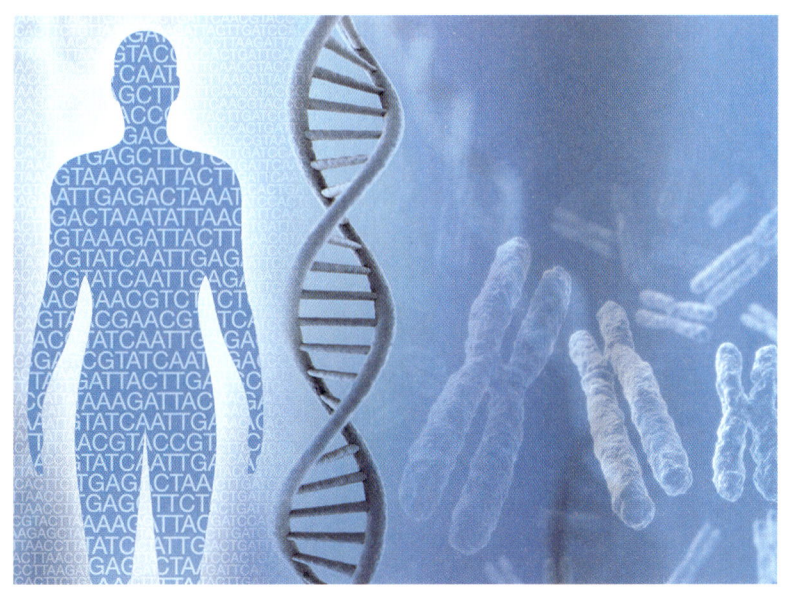

유전자 정보 분석 기술 자료 (출처 : Illumina)

🧒 아빠, 일루미나랑 크리스퍼 테라퓨틱스는 다른 일을 하는 거죠? 어떻게 달라요?

👨 두 회사는 유전자 분야에서 다르게 접근하고 있어. 간단히 말해서, 일루미나는 유전자 정보를 분석하는 기술을 개발하고, 크리스퍼 테라퓨틱스는 유전자 편집 기술을 개발하고 있단다.

🧒 그럼 일루미나는 어떤 일을 해요?

👨 일루미나는 주로 유전자 시퀀싱(순서를 짜맞춰주는 기술), 즉 DNA의 염기서열(유전 정보의 기본 단위)을 읽어내는 기술을 만들어. 이 기술로 사람의 유전자 정보를 빠르고 정확하게 분석할 수 있지. 이를 통해 질병의 원인을 찾아내거나, 개인 맞춤형 건강 관리도 할 수 있게 돼.

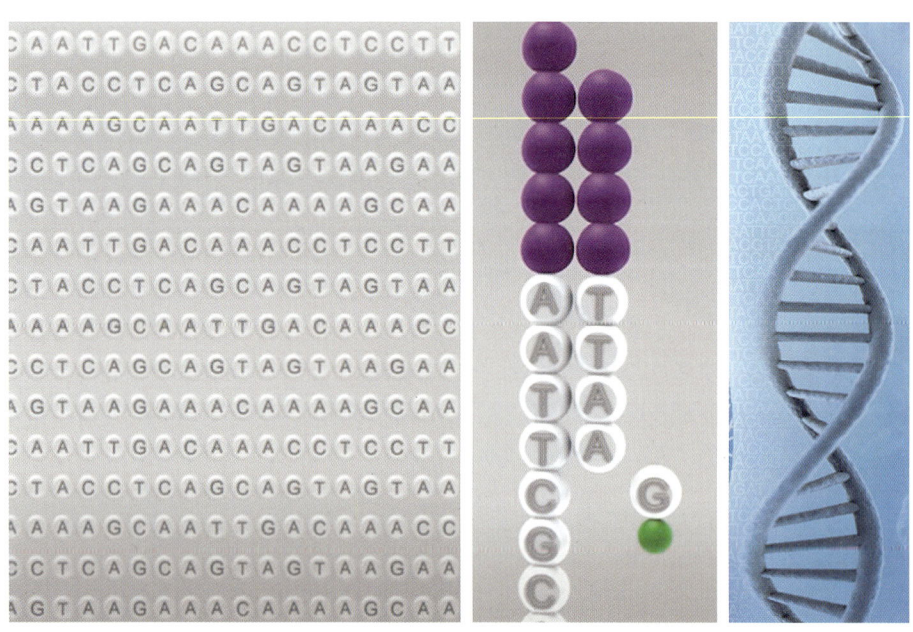

(출처 : Illumina)

🧒 염기서열? 그게 뭐에요? 너무 어려워요!

👨 염기서열. 어렵게 느껴지지? 아빠가 쉽게 설명해 줄게. 염기서열은 유전자(DNA)의 글자가 나열된 순서라고 생각하면 돼. 유전자는 그 글자들을 조합해서 만들어진 이야기나 문장이라고 할 수 있지.

🧒 그럼 A, B, C …… 가 염기서열이고 C, A, R의 염기서열이 조합되어 CAR 라는 유전자라는 단어가 만들어 지는 것과 같은 것이네요?

👨 우와, 정말 잘 이해했구나! 맞아, 그렇게 생각하면 쉬울 것 같구나.

🧒 그럼 일루미나는 이런 염기서열(유전자 정보)을 읽고 분석하는 기술을 개발하는 회사군요?

👨 맞아! 일루미나는 유전자를 분석해서 우리가 질병을 더 잘 이해하고, 맞춤형 치료법을 찾을 수 있도록 도와주는 역할을 한단다.

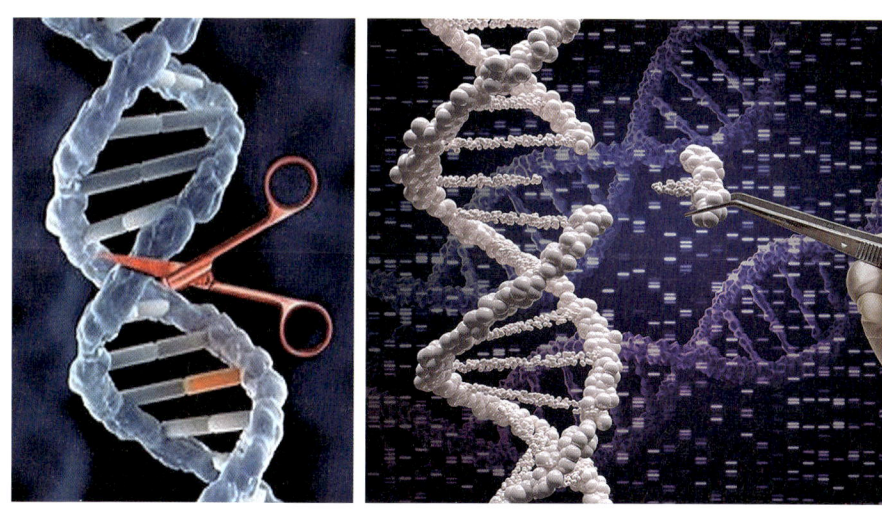

(출처 : CNET, Bioworld)

- 그러면 크리스퍼 테라퓨틱스는 뭐 하는 회사예요?

- 크리스퍼 테라퓨틱스는 유전자 편집 기술을 개발하고 있단다.

- 편집이요? 유전자도 가위로 자르고 풀로 붙이고 할 수 있어요?

- 맞아! 유전자 편집 기술은 일종의 유전자 가위 기술이라고 생각하면 쉬워. 이 기술을 사용해서 DNA를 직접 수정할 수 있지. 예를 들어, 자르고 싶은 유전자의 특정 부분을 잘라내거나, 다른 유전자를 추가할 수도 있어. 이렇게 유전자를 조정해서 질병을 치료하는 게 목표란다.

- 그런데 왜 이런 기술이 필요한 거죠?

- 유전자 편집 기술을 사용하면 유전병을 치료하거나 예방할 수 있어. 예를 들어, 겸상 적혈구 빈혈증이라는 병이 있어. 이 병은 적혈구가 제대로 기능하지 못해 산소를 잘 운반하지 못하는 병이지. 이 병은 유전자의 문제로 발생하는데, 유전자 편집 기술을 사용하면 그 문제를 일으키는 유전자를 수정해서 건강한 적혈구를 만들 수 있게 되는 거야. 그러면 병의 증상을 크게 줄일 수 있단다.

- 아, 일루미나 기업과 크리스퍼 테라퓨틱스 두 기술은 서로 연관성이 있겠네요?

- 맞아! 두 기술은 서로 다르다고 생각하기 보단 서로 보완적인 기술이라고 이해하는 것이 좋을 것 같구나. 일루미나는 유전자의 정보를 읽어내는 데 중점을 두고 있고, 크리스퍼 테라퓨틱스는 그 정보를 바탕으로 유전자를 직접 수정하는 데 중점을 두고 있단다.

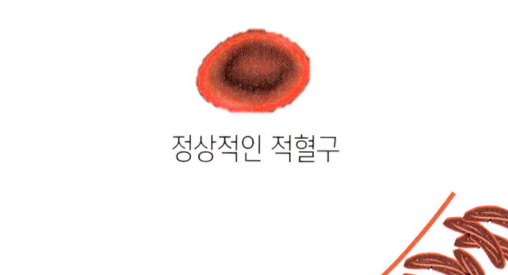

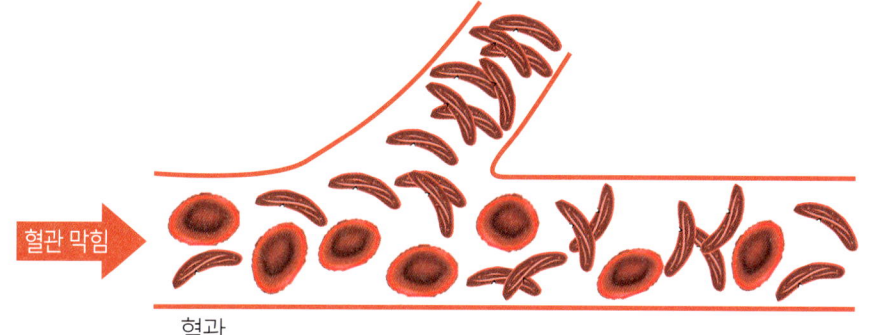

겸상 적혈구 빈혈증

 아! 그럼 두 기술을 순차적으로 쓰면 좋을 것 같아요.

 맞아! 사실 두 기술은 깊은 연관이 있어서 함께 쓰면 더 큰 힘을 발휘한단다. 일루미나의 유전자 분석 정보를 가지고 크리스퍼 테라퓨틱스는 지금까지 풀지 못했던 문제들을 직접 수정해 가면서 풀어 나가는 것이지. 이렇게 두 업체가 협력하면 유전자 기반의 질병 치료에 커다란 의학적 기술 발전을 가져오게 될거야.

 일루미나나 크리스퍼 테라퓨틱스 기술에 인공지능이 더해지면 기술 개발을 할 때 시간을 단축시킬 수 있지 않을까요?

 응! 아주 훌륭한 생각인 걸! 인공지능 기술이 유전자 분석이나 편집기술과 융합한다면 아마도 지금보다 더 혁신적인 일들을 해낼 수 있을 것 같구나.

가상세계, 메타버스 기술을 이끄는 메타

 아빠, 메타(META)가 왜 페이스북(Facebook)에서 이름을 바꾼 거에요?

 좋은 질문이야! META가 Facebook에서 이름을 바꾼 이유는 더 넓은 미래를 준비하기 위해서야. META는 이제 단순한 소셜 미디어(SNS) 회사가 아니라, 메타버스를 만드는 회사로서의 장기적 미래 목표를 가지고 있단다.

 메타버스가 뭐였죠? 다시 한 번 설명해 주세요.

 메타버스는 사람들이 가상의 세계에서 만날 수 있는 온라인 공간을 말한단다. 우리가 게임을 하거나 가상 현실을 경험하는 것처럼, 메타버스는 그

아바타 시연(출처 : META)

런 현실 세계를 초월한 새로운 가상세계를 말하지.

그렇다면 META라는 이름이 왜 좋은 거에요?

META라는 이름은 '메타버스'를 짧게 줄여서 만든 거야. 즉 META는 메타버스를 만들고 발전시키는 데 초점을 맞추고 있다는 걸 의미한단다. 새로운 이름으로 회사의 목표를 더 잘 표현할 수 있게 된 거지. 여기에는 메타의 CEO인 마크 저커버그의 메타버스에 대한 강한 확신과 비전이 담겨 있다고 봐야 해.

그러면 Facebook은 어떻게 되고 있어요?

Facebook은 여전히 큰 소셜 미디어 플랫폼으로 남아 있지. 하지만 이제 META는 Facebook 외에도 다양한 가상 현실 기술과 새로운 디지털 경험을 만드는 데 집중하고 있어. 그래서 이름을 바꿔서 이런 새로운 목표를

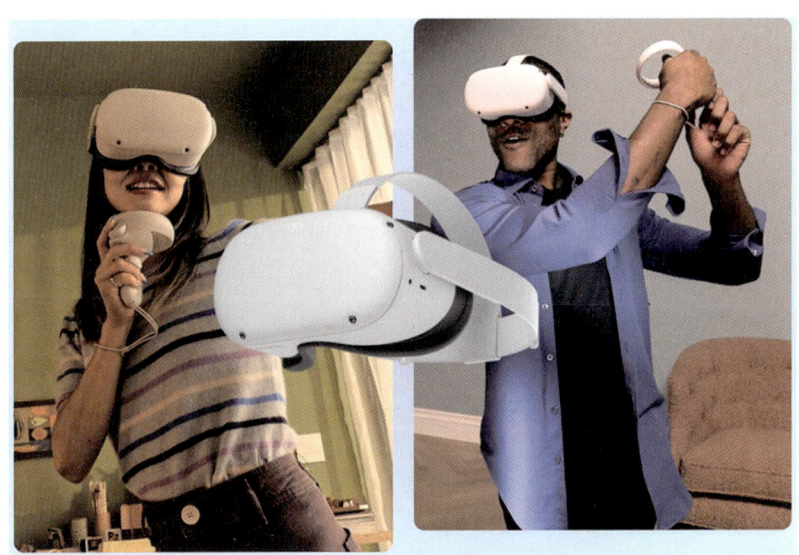

오큘러스 홍보 이미지(출처 : META)

더 잘 나타내고 싶었던 거야.

 오, 그러니까 META는 이제 단순한 소셜 미디어가 아니라 더 큰 꿈을 가지고 있는 거군요.

 그럼, META는 어떤 기술을 사용하고 있는지 알아볼까?

META는 여러 가지 기술을 사용한단다. 그 중에는 가상 현실(VR)과 증강 현실(AR) 기술이 있어. VR은 완전히 가상의 세계로 들어가는 기술이고,

호라이즌 월드(출처 : META)

AR은 실제 세상에 가상의 정보나 이미지를 더하는 기술이지.

 알아요, 아빠. META는 오큘러스(Oculus)라는 VR 헤드셋(HMD)을 만들잖아요. 이 헤드셋을 쓰면 가상의 세계로 들어가서 다른 사람들과 만나고 게임을 하거나 가상 공간에서 작업할 수 있잖아요.

 맞아! META는 호라이즌 월드(Horizon Worlds)라는 플랫폼도 가지고 있는데, 사용자가 가상 현실 공간에서 아바타로 활동하면서 게임도 하고 회의에도 참여할 수 있어. 모임에 참석한 사람들이 각자 아바타로 나타나서 마치 같은 공간에 있는 것처럼 대화하고 협업할 수 있단다.

양자 컴퓨터의 미래를 열어가는 구글, IBM, 그리고 IonQ

미래는 다양한 기술들로 인해 점점 더 복잡해지고 있어요. 그래서 인류는 복잡하고 해결하기 어려운 문제들을 빠르고 정확하게 풀 수 있는 기술이 필요하답니다. 양자 컴퓨터를 개발하기 위해 애쓰고 있는 주요 회사들에 대해 이야기해볼게요. 구글(Google), 아이비엠(IBM), 그리고 아이온큐(IonQ) 이 세 회사는 양자 컴퓨터를 만드는 데 중요한 역할을 하고 있어요. 각 회사가 어떤 기술을 사용하여 양자 컴퓨터를 만들고 있는지, 그리고 이 기술들이 앞으로 어떻게 발전할 수 있는지 알아보도록 해요.

양자 컴퓨터의 기본 원리인 양자역학을 설명하는 건 정말 어렵답니다. 왜냐하면 지구상에서 양자역학을 100% 완벽하게 이해하고 있는 사람은 아직 없기 때문이에요. 그렇지만 여러분이 이해할 수 있도록 양자 컴퓨터를 최대한 쉽게 설명해볼게요. 양자 컴퓨터는 아주 빠르고 강력한 컴퓨터로, 일반 컴퓨터보다 훨씬 복잡한 문제를 짧은 시간 안에 풀 수 있는 최신 기술이에요. 이 컴퓨터는 문제를 푸는 방식이 마치 마법처럼 느껴질 수 있어요. 그래서 현재의 컴퓨터로는 풀기 어려운 암호 해독, 신약 개발, 복잡한 화학 반응, 금융 문제 등도 해결할 수 있는 가능성이 있답니다.

구글의 양자 컴퓨터 : Sycamore

구글은 시커모어(Sycamore)라는 양자 컴퓨터를 개발했어요. 이 시커모어는 초전도 큐비트라는 기술을 사용해서 양자 컴퓨터를 만들고 있답니다. 큐비트는 양자 컴

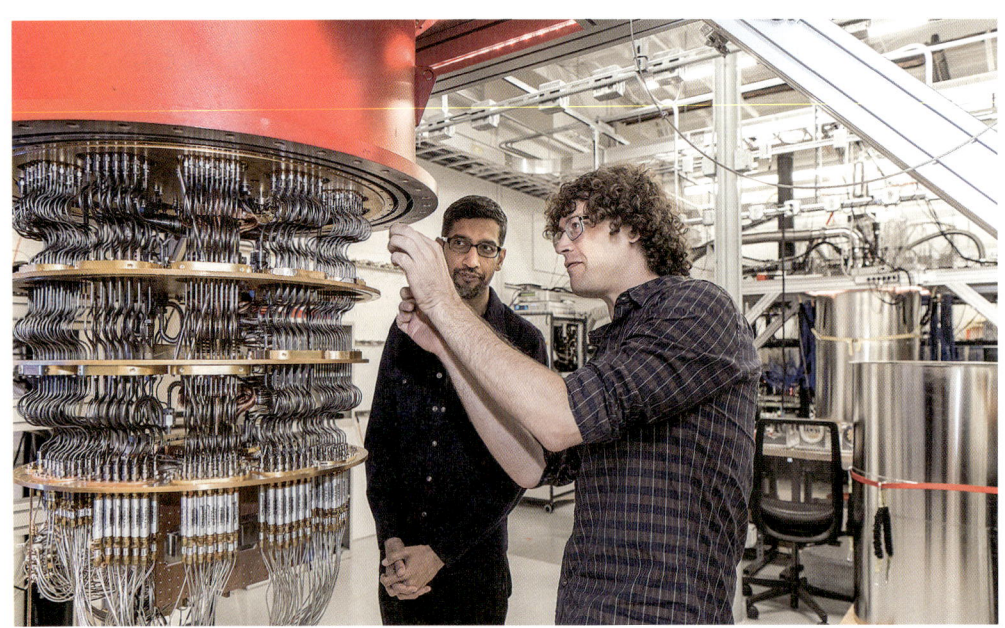

구글이 개발중인 양자 컴퓨터의 프로세서(출처 : Google)

퓨터의 기본 단위로, 정보를 저장하고 처리하는 역할을 해요. 지금 우리가 볼수 있는 컴퓨터는 비트(0과 1)를 기본 단위로 정보를 처리한답니다. 시커모어는 53개의 큐비트를 사용하는데, 현재까지 가장 많은 큐비트를 사용한 양자 컴퓨터 중 하나입니다.

구글은 이 Sycamore를 사용해서 '양자 우위(Quantum Supremacy)'를 달성했다고 발표했어요. 양자 우위란 양자 컴퓨터가 기존의 컴퓨터로는 해결하기 어려운 문제를 빠르게 해결하는 걸 말해요.

IBM의 양자 컴퓨터 : IBM Quantum Hummingbird

IBM은 허밍버드라는 양자 컴퓨터를 가지고 있어요. 이 모델은 65개의 큐비트를 사용하고 있지요. IBM도 구글과 동일하게 초전도 큐비트 기술을 사용해서 양자 컴

IBM에서 개발한 양자 컴퓨터의 프로세서(출처 : IBM)

퓨터를 만들고 있답니다. IBM의 양자 컴퓨터는 현재 클라우드에서 사용할 수 있어서, 누구나 인터넷을 통해 양자 컴퓨터를 경험해 볼 수 있어요.

지금 IBM의 양자 컴퓨터는 아직 아기 걸음마 단계이지만, IBM의 향후 1,000개 이상의 큐비트를 가진 양자 컴퓨터를 만드는 것을 목표로 하고 있어요. 1,000큐비트 이상 성능을 보유하면 현재 세계 최고의 성능을 보이는 슈퍼컴퓨터보다도 뛰어난 성능을 발휘하게 된답니다.

IonQ의 양자 컴퓨터 : IonQ Harmony

IonQ는 '하모니'라는 양자 컴퓨터를 개발했어요. 이 모델은 이온 트랩 기술을 사용한답니다. 이온 트랩 양자 컴퓨터는 자연의 이온을 전자기장으로 잡아서 큐비트를 만들고 조작해서 컴퓨터를 만들어요. 이 기술은 높은 정밀도와 낮은 오류율을 자랑한답니다.

IonQ에서 개발중인 양자 컴퓨터와 프로세서(출처 : IonQ)

IonQ도 클라우드 기반 양자 컴퓨팅 서비스를 제공하고 있어서, 연구자들이 쉽게 양자 컴퓨터를 사용할 수 있어요. IonQ의 양자 컴퓨터는 향후 더 많은 큐비트를 추가하고, 양자 컴퓨터의 상용화를 이루는 데 중요한 역할을 해 나갈 것입니다.

양자 컴퓨터 기술은 현재도 빠르게 발전하고 있지만, 앞으로는 더욱 놀라운 변화를 가져올 거예요. 지금의 기술은 아직 초기 단계에 있지만, 점점 더 많은 큐비트가 추가되고 오류가 줄어들면, 실생활 문제를 해결하는 데 사용될 수 있을 거예요.

구글, IBM, IonQ 같은 회사들이 양자 컴퓨터 기술을 계속 발전시키고 있으며, AI 기업과의 협업을 통해 인공지능 기반의 양자 컴퓨터가 융합된 새로운 컴퓨팅 장치가 나올 가능성도 있어요. 이런 발전이 이루어진다면, 미래에는 우리가 상상할 수 있는 것 이상의 일들이 가능해질 거예요. 앞으로도 이들 회사의 연구와 발전을 주목하는 것은 정말 재미있을 거예요!

더 생각해보기

1. 미래를 이끌고 갈 기업들 중에서 어떤 기업이 가장 인상적인가요? 그 이유는요?

2. 인공지능은 우리 생활에 어떤 변화를 가져올지 적어보세요.

3. 휴머노이드 로봇하면 어떤 것이 상상 되나요? 여러분이 상상하는 로봇은 어디에서 어떤 일을 하고 있나요?

4. AI, 휴머노이드 로봇의 등장으로 어떤 직업들이 사라지거나 새롭게 생겨날까요?

5. 자율주행차나 하늘을 나는 자동차가 생기면 우리의 생활은 어떻게 바뀔까요?

6. 앞으로의 세상에서 중요한 역할을 할 첨단 기술을 몇 가지 적어보세요.

7. 다가올 미래를 준비하기 위해 우리는 지금 무엇을 해야 할까요?

맺는 글

우리의 꿈을 현실로 : 초등경제 마지막 이야기

20년에서 30년 후, 우리는 지금보다 훨씬 더 혁신적이고 초 연결된, 초 진화된 그리고 고차원적인 세상에서 살게 될 거예요. 기술의 발전과 산업 및 사회의 변화는 우리가 돈을 다루는 방식과 경제를 이해하는 방식, 그리고 미래를 준비하는 방식을 크게 변화시킬 거예요.

미래의 경제는 단순히 기술의 진보에 그치지 않고, 우리의 삶을 깊이 변화시키는 새로운 패러다임을 제시할 거예요. 30년 후의 미래, 우리가 어떤 세상에서 살게 될지, 그리고 그에 따라 어떻게 준비하고 대응해야 할지 상상해 보아요.

연결된 경제 글로벌

미래의 경제는 현재보다 훨씬 더 글로벌화되고 연결된 시스템이 될 거예요. 국경

	원시	연결	확장	극대	한계 극복	초진화
차원 진화	•	•—•	□	⬛		
문명 진화						
통신 진화						
화폐 진화						
	생존	조직	안정	발전	혁신	초효율 초연결 초가상 초융합 초지능

출처 : 《메타버스는 나의 힘》(2023)

을 넘는 경제 활동이 더 자연스러운 생활이 되고, 디지털 화폐와 블록체인 기술이 경제의 중심에서 중요한 역할을 할 거예요. 이러한 변화는 전 세계의 기업과 개인이 실시간으로 정보를 교환하고 자금을 이동시키며 협력할 수 있는 환경을 지속적으로 발전해 나갈 거예요.

이러한 글로벌 경제 환경에서는 국가나 지역의 경제 상황이 즉각적으로 다른 지역에 영향을 미칠 수 있습니다. 따라서 국제적인 경제 흐름과 글로벌 경제 동향을 이해하고, 이를 바탕으로 적절한 경제적 의사결정을 내리는 것이 중요해요. 국제적인 협력과 파트너십은 더욱 중요해지고, 다양한 문화와 경제 시스템을 이해하는 것이 성공적인 경제 활동의 핵심이 될 거예요.

지속 가능한 경제와 사회적 책임감

　미래의 경제는 단순히 경제적 성과를 넘어서 지속 가능한 발전과 사회적 책임을 중시하는 방향으로 나아가야 해요. 환경 문제와 자원의 한계를 고려한 지속 가능한 경제 활동이 중요해질 것이며, 이는 기업과 개인 모두에게 중요한 과제가 될 것입니

다. 친환경 기술과 재생 가능 에너지의 사용은 경제의 중심에 자리잡고, 이를 통해 자원을 효율적으로 활용하며, 환경에 미치는 영향을 최소화할 수 있습니다.

사회적 책임 또한 중요한 요소가 될 것인데요. 기업의 사회적 책임 활동과 윤리적 소비는 미래 경제에서 큰 역할을 하게 될 것이며, 개인과 기업 모두가 사회적 가치를 창출하는 데 기여해야 해요. 경제 활동이 사회와 환경에 미치는 영향을 고려하고, 지속 가능한 방식으로 발전하는 것이 경제의 핵심이 될 것입니다.

사랑하는 우리 아이들에게,

우리는 지금 인공지능, 로봇 공학, 블록체인, 가상 현실, 양자 컴퓨팅 그리고 유전자 편집기술 등 첨단 기술이 빠르게 발전하는 시대에 살고 있어요. 이러한 기술들은 우리의 삶을 더 편리하고 흥미롭게 만들어 줄 뿐만 아니라, 새로운 직업과 기회를 제공해 줄 거예요. 미래에는 지금 상상도 할 수 없는 다양한 직업들이 생길 것이고, 우리는 그에 맞춰 새로운 환경에 적응해 나가야 해요.

미래 경제는 우리가 상상하는 것보다 훨씬 더 많은 기회와 가능성을 제공할 거예요. 그래서 우리는 꿈을 가지고, 그것을 이루기 위해 노력해야 해요. 다양한 경험을 통해 자신을 발전시키고, 끊임없이 배우고 노력하는 것이 중요해요. 이 책, 《초등경

제학》을 통해 배운 것들은 우리가 미래를 준비하는 데 큰 도움이 될 거예요. 돈에 대한 기본적인 이해를 바탕으로 작은 경제 활동부터 시작해서 습관을 들인다면, 더 큰 경제적 목표를 향해 나아갈 수 있을 거예요.

우리는 함께 더 나은 세상을 만들 수 있고, 우리의 꿈을 자신 있게 펼칠 수 있어요. 지금부터 차근차근 준비하면 더 밝은 미래를 만들어 갈 수 있을 거예요. 엄마 아빠와 함께 경제와 관련된 다양한 지식을 공부하고, 돈의 중요성과 관리 방법을 배우며 더 나은 경제적 결정을 내리는 능력을 키워 나가야 해요. 다양한 경제 활동을 경험하며 실생활에서 경제를 적용하는 방법도 익히는 것이 중요해요.

미래의 경제는 지금보다 훨씬 더 흥미롭고 혁신적일 거예요. 새로운 기술들에 관심을 가지고, 엄마 아빠와 함께하는 경제 활동을 통해 더 많은 기회를 얻고, 더 나은 미래를 준비해 나가요.

사랑을 담아,
엄마와 아빠가